高等职业教育创新创业系列教材

创业基础与商机识别

主　编　曾秀臻　文首文
副主编　曾杏玉　叶晓静
参　编　同婉婷　韩晓洁　王程程

机械工业出版社

本书是国家级职业教育创新创业教育教学资源库配套教材，以发现能够创造价值的想法和机会为目的，结合欧盟委员会近年来致力推广的"创业能力框架"（EntreComp into Action），从能力培养的角度出发，结合可利用的资源，讲述了想法与机会、资源、行动这三大领域的创业知识。全书共分5章，从引导创业者关注自身的创业因子出发，进而启发创业者培养创意能力，并协助创业者提升创业逻辑，最后根据创业方向，借助用户探索法和商机吸引力评估法识别出可行的商机。

本书配有微课视频，读者通过扫描书中二维码即可进行观看。

本书配有电子课件，凡使用本书作为教材的教师可登录机械工业出版社教育服务网www.cmpedu.com下载。咨询电话：010-88379375。

图书在版编目（CIP）数据

创业基础与商机识别／曾秀臻，文首文主编.—北京：机械工业出版社，2021.8（2024.1重印）

高等职业教育创新创业系列教材

ISBN 978-7-111-69058-0

Ⅰ.①创⋯ Ⅱ.①曾⋯②文⋯ Ⅲ.①创业-高等职业教育-教材 Ⅳ.①G717.38

中国版本图书馆 CIP 数据核字（2021）第 181477 号

机械工业出版社（北京市百万庄大街22号 邮政编码100037）

策划编辑：杨晓昱　　责任编辑：杨晓昱
责任校对：孙莉萍　　封面设计：马精明
责任印制：李　昂

北京捷迅佳彩印刷有限公司印刷

2024年1月第1版第2次印刷
180mm×254mm・8.5 印张・174 千字
标准书号：ISBN 978-7-111-69058-0
定价：32.00元

电话服务　　　　　　　　　　网络服务
客服电话：010-88361066　　　机　工　官　网：www.cmpbook.com
　　　　　010-88379833　　　机　工　官　博：weibo.com/cmp1952
　　　　　010-68326294　　　金　书　网：www.golden-book.com
封底无防伪标均为盗版　　　　机工教育服务网：www.cmpedu.com

前 言

通常，国内创新创业教育类教材以创业的过程为编写逻辑，从创业者与创业团队讲到创业机会，再讲到创业风险、创业计划书，最后讲新企业的开办等。

本书不拘泥于这种常规编写方式，而是以发现能够创造价值的想法和机会为目的，结合欧盟委员会近年来致力推广的"创业能力框架"（EntreComp into Action），从能力培养的角度出发，结合可利用的资源，讲述了想法与机会、资源、行动这三大领域的创业能力知识。

创业基础课程培养的是适应数字经济发展，拥有能够发现问题并解决问题的充分行动力的人才。商机识别的过程正是典型的发现问题、解决问题的价值创造过程。因此，创业能力应该是在进行商机识别的实际行动中培养起来的。

本书主编之一曾秀臻是深圳职业技术学院创新创业学院教师，目前作为欧盟"伊拉斯莫＋高等教育能力建设（CBHE）"研究项目（该研究项目是欧盟委员会设立的针对高等教育最高级别的研究项目）的主持人，正联合西班牙、卢森堡等6个国家8所高等院校共同建设以专业与创新创业教育相融合为目的的课程。该研究项目关注学生创新创业能力的培养，融合联合国可持续发展目标，特别强调培养学生发现问题、解决问题的价值创造能力。本书的编写也借鉴了该研究理念。

本书针对每个知识点所设计的教学思路为：课堂引入→知识探究→知识应用→拓展活动，目的是引导学生通过实际行动，培养发现问题、解决问题、批判性思维、沟通表达和协作等综合性的创业能力，结合案例分析、小组讨论、文献研究及社会调研等活动，帮助学生提升创业基础能力。

本书前3章从引导创业者关注自身的创业因子出发，进而启发创业者培养创意能力，最后协助创业者提升创业逻辑，旨在引导学生结合可利用的资源产生想法，并培养机会捕捉的能力。

本书后2章是基于前3章所产生的想法，进行商机的识别与评估。在认为创业"是发现问题和解决问题的行为过程"的前提下，受以人为本且从问题出发的设计思维理念的启发，将创业方向的确定过程理解为对客户价值、经济环境、社会趋势、技术可行性和自我创业主张等多方面的探索过程，也可以将创业方向理解为向外识别和向内探索的集合。最后，根据创业方向，借助用户探索法和商机吸引力评估法识别出可行的商机，目的是引导学生在发现问题并且解决问题的价值创造过程中，逐步夯实其创业基础。

1. 关注你的创业因子 → 2. 培养你的创意能力 → 3. 提升你的创业逻辑 → 4. 从商机"蜜罐区"中确定创业方向 → 5. 评估你的商机

　　本书是编者在一线多年教学成果的总结，也是继续提升教学理念和水平的新起点。本书内容若有不当之处，恳请读者批评指正！

编　者

微课视频二维码清单

名称	二维码	名称	二维码
1.1.1 关于创业，你理解到位吗		2.1.2 培养创意能力的第二步：培养创意思维	
1.1.2 拥有创业素质，是创业的开始		2.1.3 培养创意能力的第三步：抛开对创意的恐惧	
1.2.1 拥有创业能力，不只是为了创业		2.2.1 从创意到商机的金字塔	
1.2.2 评估创业特质		2.2.2 金字塔尖的商机，去或留	
1.2.3 探究创业动机		3.1.1 了解商机打开的时间窗口	
2.1.1 培养创意能力的第一步：专业地感知创意		3.1.2 优化机会选择能力	

（续）

名称	二维码	名称	二维码
3.2.1 初创企业的特点		4.2.3 技术的快速变革	
3.2.2 正确的创业思维		4.3.1 探寻价值取向	
4.1.1 客户的价格需求		4.3.2 挖掘可用资本	
4.1.2 客户的功能需求		4.4.1 商机初筛法	
4.1.3 客户的情感需求		4.4.2 商机拟定法	
4.2.1 经济的趋势		5.1.1 用户的使用情形	
4.2.2 社会的趋势		5.1.2 用户的使用痛点和期待	

（续）

名称	二维码	名称	二维码
5.2.1 商机的潜力价值		5.2.3 商机的可行性评估	
5.2.2 商机的挑战和障碍			

目 录

前 言
微课视频二维码清单

第1章 关注创业因子 // 001

1.1 提升对创业的认知层次 // 002
1.1.1 关于创业，你理解到位吗 // 002
1.1.2 拥有创业素质，是创业的开始 // 005

1.2 了解创业素质 // 009
1.2.1 拥有创业能力，不只是为了创业 // 009
1.2.2 评估创业特质 // 014
1.2.3 探究创业动机 // 019

第2章 培养创意能力 // 023

2.1 培养创意能力的三步曲 // 024
2.1.1 第一步：专业地感知创意 // 024
2.1.2 第二步：培养创意思维 // 028
2.1.3 第三步：抛开对创意的恐惧 // 030

2.2 商机从创意而来 // 034
2.2.1 从创意到商机的金字塔 // 034
2.2.2 金字塔尖的商机，去或留 // 038

第3章 提升创业逻辑 // 041

3.1 创业前，该做好的准备 // 042
3.1.1 了解商机打开的时间窗口 // 042
3.1.2 优化机会选择能力 // 045

3.2 创业时，该内化的专业知识 // 049
    3.2.1 初创企业的特点 // 049
    3.2.2 正确的创业思维 // 058

第 4 章 从商机"蜜罐区"中确定创业方向 // 064

4.1 客户的价值探索 // 065
    4.1.1 客户的价格需求 // 065
    4.1.2 客户的功能需求 // 067
    4.1.3 客户的情感需求 // 069

4.2 从外识别商机来临时的可视变化 // 073
    4.2.1 经济的趋势 // 073
    4.2.2 社会的趋势 // 076
    4.2.3 技术的快速变革 // 079

4.3 向内探索你的价值主张 // 084
    4.3.1 探寻价值取向 // 084
    4.3.2 挖掘可用资本 // 089

4.4 确定创业方向 // 091
    4.4.1 商机初筛法 // 091
    4.4.2 商机拟定法 // 096

第 5 章 挖掘及评估创业商机 // 100

5.1 用户探索法 // 101
    5.1.1 用户的使用情形 // 101
    5.1.2 用户的使用痛点和期待 // 103

5.2 商机吸引力评估法 // 107
    5.2.1 商机的潜力价值 // 107
    5.2.2 商机的挑战和障碍 // 113
    5.2.3 商机的可行性评估 // 120

参考文献 // 124

第 1 章　关注创业因子

| 课堂引入 | 知识探究 | 知识应用 | 拓展活动 |

 本章导读

　　对于创业这个概念的定义和理解有很多，有的认为创业是一个"过程"，有的认为创业是一种"行为方式"；现在还流行跳出商业领域的框框，从更广义的角度去理解创业。实际上，对于创业机会的探索和挖掘，并将其投入到商业领域中创造价值，是一种给社会或者组织带来利益和价值的创新。

　　人们在创业的时候会有不同的出发点，而不同的出发点也就决定了价值创造的层次。创业，除了创造财富，实现自我和影响他人也是其中重要的意义所在。因此，你是如何理解创业的？在创业前，该如何评估自己各方面的能力？

1.1 提升对创业的认知层次

1.1.1 关于创业，你理解到位吗

课堂引入

小李快要毕业了，但对于自己未来的职业生涯发展方向还是感到迷茫。某次聚会中，跟几位同学一起聊天，大家一拍即合，决定一起合伙做微商。

小刘也是准毕业大军的一员，由于对海洋生态的关注和热爱，在大学修读了相关的专业，现在快要毕业了，他已经接到一所专门关注海洋生态的非政府组织机构的入职通知。

课堂提问

1. 你是如何看待小李做微商的这个选择？你认为做微商，属于创业吗？
2. 你又是如何看待小刘投身海洋公益的这个选择？你认为做公益，属于创业吗？

启　示

为了赚钱，我们可以做生意，为了创造社会价值，我们可以做公益，而我们需要关注和追求的创业的最高境界，应该是能够将"赚钱"和"创造价值"合并起来。

通过做生意去赚钱，可以不需要太多创新性，摆摊卖炸鸡、烤串，倒卖物品赚差价，通过这些行为都可以赚钱。因此，同样是为了赚钱，创业跟做生意的不同在于其中的"创新性"和"价值"。

清除海洋垃圾，是对生态、人类、地球都有益处的大好事，但它不能赚钱，得依靠政府拨款或社会募捐来支付船、设备和工人的工资等以维持运营，因此，同样是为了创造价值，创业跟做公益的不同在于能否产生价值差后的利润。

创业者应该以怀着一个让人类生活更美好的愿望为初衷，提出创新想法，通过

创业去将其实现。创业的起点应该是发现需求，遵从商业逻辑，用更高效的资源组合来满足需求。

 知识探究

1. 创业不仅仅是为了赚钱

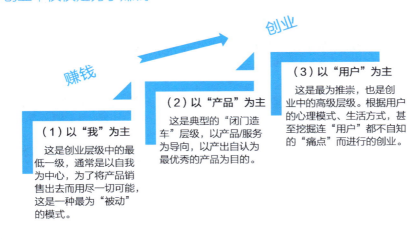

（1）以"我"为主
这是创业层级中的最低一级，通常是以自我为中心，为了将产品销售出去而用尽一切可能，这是一种最为"被动"的模式。

（2）以"产品"为主
这是典型的"闭门造车"层级，以产品/服务为导向，以产出自认为最优秀的产品为目的。

（3）以"用户"为主
这是最为推崇，也是创业中的高级层级。根据用户的心理模式、生活方式，甚至挖掘连"用户"都不自知的"痛点"而进行的创业。

2. 创业的价值

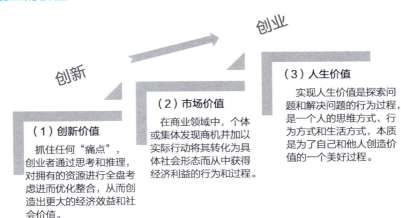

（1）创新价值
抓住任何"痛点"，创业者通过思考和推理，对拥有的资源进行全盘考虑进而优化整合，从而创造出更大的经济效益和社会价值。

（2）市场价值
在商业领域中，个体或集体发现商机并加以实际行动将其转化为具体社会形态而从中获得经济利益的行为和过程。

（3）人生价值
实现人生价值是探索问题和解决问题的行为过程，是一个人的思维方式、行为方式和生活方式，本质是为了自己和他人创造价值的一个美好过程。

 知识应用

随着1991年索马里内战的爆发，那里的人民生活更加贫穷，致使许多人被迫成为海盗，亚丁湾一带海盗活动频繁，曾多次发生劫持、暴力伤害船员事件。2008年以来，索马里沿海累计发生80多起海盗袭击事件。他们这些不法行为越来越引发国际上的重视，成为重大国际问题，各国联合起来，希望能"以暴制暴"，问题却愈演愈烈。但进入 2013 年，索马里几个比较大的海盗团伙宣布"金盆洗手"。近年该海域转趋平静，海盗攻击案例趋近于 0。索马里海盗为什么突然消失了呢？其中一个很重要的原因是一个做寿司的日本商人木村清。

木村清发现索马里海盗存在的根本原因是贫穷。大家对付海盗更多的是使用武力，可是用武力镇压是永远解决不了贫穷问题的，越镇压只会使得海盗越多。因此，木村清决定与海盗合作，让他们为自己打一种当地产的非常好的寿司食材鱼。从此以后，昔日的海盗逐渐放弃了高危的抢劫工作，转变成了合法渔民。

课堂提问

1．你如何看待木村清的创业思路？请尝试用前面所学的知识来回答你所认为的木村清对"创业"的理解？

2．在日后的创业道路上，你觉得该怎样理解创业以确定你的创业出发点？

启　示

木村清以为当地人民创造价值为出发点，同时也为自己获得了优质原材料。木村清解决了多国靠大炮解决不了的问题，建立了以爱、以用户为出发点并且基于爱的商业模式。这种商业模式能够为社会创造价值，包括物质的和精神的，创造了一个共赢的系统。这种商业模式不仅满足了人们合理的物质需要，更满足和引导了人们内心深处的精神需要、爱的需要，从而爱己、爱人、热爱这个世界。

 拓展活动

任务名称	破冰活动
任务目标	让组内同学尽快熟络起来
实施者	全体参与（30 人左右）
活动道具	• 纸 • 笔
活动步骤	1. 以小组为单位，给大概 20 分钟的时间，让组员在组内进行自我介绍，要求每个同学尽可能准确清晰地记住别的同学的自我介绍。 2. 组内互相自我介绍结束后，老师在每个组抽一位同学作为代表，负责介绍各自组内其他成员的情况；这位被老师抽中的代表再点名一位组内同学，托他/她介绍自己。

1.1.2 拥有创业素质，是创业的开始

课堂引入

做一个简单的测试，看看你是否适合创业。请根据你目前的情况自查自己属于哪种状态。

	能力	能创	不能
动力	想创	创业者	后进者
	不想	精英者	老实人

启　示

你是"创业者""精英者""老实人"还是"后进者"呢？如果你只是"老实人"，甚至是"后进者"，都不要太在意，这只是一个小游戏，并不代表你的未来。游戏的目的是要通过"能力"和"动力"这两个维度，让你更清楚地了解自己目前的状态，并根据不足的方面去努力。要相信，通过这门课程的学习，你将会有重大的改变！

 知识探究

创业者的基本素质包含三个方面，分别是创业特质、创业能力和创业动机。

创业特质决定了你是否合适创业，创业能力说明你是否有足够的能力去创业，而创业动机的强烈与否更是至关重要，因为，这涉及你是否决定启动创业这一行为。你能不能创业与创业特质和创业能力有关，但你想不想创业则是创业动机。只有结合"想"和"能"，你才能成为一位合格的创业者，才能开启创业之路。

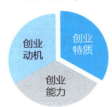

 知识应用

同学 A：一位名副其实的创二代，父母二人白手起家，从卖电器起家，涉足的领域越来越多，近年生意不是太好做，就渐渐地收回了大部分的投资。目前父母二人以经营红木家具为主；A 快毕业了，父母打算给 A 一笔资金，让 A 选择自己感兴

趣的方向进行创业；在父母的鼓励下，A 开始有了创业的念头，但他总觉得自己不善言辞，周围的朋友、同学也常常说他是一个"安静"的人，因此，他对自己是否适合创业感到很疑惑。

同学 B：在大一就加入了学校的艺术社团，由于各方面能力都很出色，在大二就被推选为艺术社团的副团长。B 喜欢玩抖音，会将自己的一些才艺表演、生活相关的小视频跟大家分享。某一次，B 在抖音上分享了自己的护肤心得后，一夜之间粉丝数量增至接近 6 万。B 有创业的想法，希望家里人可以在资金上支持一下自己，但是家里人都反对她走上创业的道路，更希望她毕业后能够进入政府单位工作。没有资金支持，B 还是想继续走创业的道路，但感到吃力。

课堂提问
1. 同学 A 和同学 B，谁的创业素质更突出？为什么？
2. 对比同学 A 和同学 B，你自身的创业素质又是如何？请做自检。

启 示
同学 A 虽然有足够的创业动机，但创业特质和创业能力不明显；同学 B，无论是创业动机、创业特质和创业能力都很明显。

 拓展活动

任务名称	创业者素质测评
任务目标	了解自己的创业素质状态
实施者	个人测试
步骤	以下是"创业者类型"测评表，请同学们根据已学知识对自己的创业特质、创业能力进行总体思考，结合自己的创业动机进行自我测评。

"创业者类型"测评表

1. 哪种投资对你较有吸引力？
    a）定期存款中有 10% 的固定利润
    b）在一段时间内不低于 5% 或高于 10% 的利润，因经济环境和利率及股市变化而异

2. 哪种工作对你较具吸引力？
    a）每周工作低于 40 小时，每年固定加薪 6%
    b）每周工作超过 50 小时，第 1 年年底就加薪 10%～15%

（续）

3. 你较喜欢哪种商业组织形态？
   a）独资经营　　　　　　　　b）合伙组织　　　　　　　　c）合作组织

4. 有三个待遇、福利等都不错的工作供你选择时，你会接受：
   a）大企业，但是你的权限与职位都稍低
   b）中型公司，稍有名气，能拥有部分程度的权限与责任
   c）小公司，但能拥有相当大的权限与责任

5. 当你拥有一家公司时，对于公司的各种营运，包括内部行政管理、广告销售、薪资给付等，你希望参与到何种程度才会满意？
   a）将大部分的权力释放出去
   b）将一部分的权力释放出去
   c）将各部门的营运大权均掌握于手

6. 执行工作计划时碰上了小的阻碍，你会：
   a）立即请求别人给予帮助
   b）先经过一阵思考后，选定几种可能的解决方案，然后请求上司
   c）自己努力寻求解决的办法，直到克服为止

7. 多年来，你的公司一直沿用一套销售制度，使公司每年维持10%的成长率。这套制度还算成功，你在其他地方用了另一套制度，你发现每年会有10%～15%的成长率，而且这套制度对你和公司双方都有利，但你的方法需要投入若干时间和资金，你会：
   a）为避免风险，仍沿用老方法
   b）私下采用新方法，然后等着看结果
   c）建议采用新方法，同时展示已有的好结果

8. 当你建议上司采用你的新方法时，而他却说不要"自作主张"，你会：
   a）放弃你的方法　　　　　　　　b）过一阵子再向上司游说
   c）直接跟公司总经理或董事长建议　　d）直接用自己的方法做了

9. 你是否参加过实习公司或学校活动的开发计划？
   a）未曾　　　　　　　　　　b）偶尔　　　　　　　　　　c）经常

10. 在你打算为员工进行训练时，你如何着手？
    a）委托顾问人员，由专家设计课程内容，并亲自训练指导
    b）根据自己的经验和意思，安排课程内容，并亲自训练指导

11. 以下3种，哪种对你而言最有成就感？
    a）是公司的最高薪者
    b）在你的专业领域得到较高的荣誉
    c）成为公司的总裁

（续）

12. 以下哪几个部门，最能吸引你（选两个）：
    a) 营销部门　　　　　　b) 行政部门　　　　　　c) 财务部门
    d) 培训部门　　　　　　e) 管理部门　　　　　　f) 顾客服务部门
    g) 征信及收款部门

13. 当所从事的业务工作有三种薪资与佣金的选择机会时，你希望的薪资计算方式是：
    a) 完全薪水制　　　　　b) 底薪加佣金制　　　　c) 完全佣金制

14. 当你正准备要出门度假时，接到一位非常有希望合作的大客户，但是必须牺牲假期，你会做何抉择：
    a) 请求这位客户再宽延一段时间　　b) 取消或延后度假

15. 小时候，是否玩过较具危险性的游戏？
    a) 否　　　　　　　　　b) 是

16. 你喜欢什么样的工作步调？
    a) 一次做一件，直到完成为止　　b) 同时做几件工作

17. 你希望你每周的工作时长是：
    a) 35 小时　　　　　　 b) 40 小时　　　　　　 c) 45 小时
    d) 50 小时　　　　　　 e) 60 小时以上

18. 你现在每周的工作（包括学习和校内外兼职等）时长是：
    a) 35 小时　　　　　　 b) 40 小时　　　　　　 c) 45 小时
    d) 50 小时　　　　　　 e) 60 小时以上

19. 你正准备去打一个推销电话，你现在的心境是：
    a) 运气好的话，你可能会成功　　b) 你有可能完成这项交易
    c) 觉得非常有希望完成这笔交易

20. 当你遭遇工作危机时，你会如何形容自己目前的精神状态：
    a) 以平常心看待，一切在掌控之中　b) 虽已掌握局面，但仍有些焦躁
    c) 确实受到相当程度的影响

计算分数

1. a) = 2　　　　b) = 6
2. a) = 3　　　　b) = 10
3. a) = 7　　　　b) = 5　　　　c) = 3
4. a) = 1　　　　b) = 2　　　　c) = 3
5. a) = 1　　　　b) = 3　　　　c) = 5

(续)

6. a) = 1	b) = 5	c) = 7				
7. a) = 1	b) = 4	c) = 5				
8. a) = 1	b) = 5	c) = 8	d) = 10			
9. a) = 1	b) = 5	c) = 10				
10. a) = 1	b) = 3					
11. a) = 2	b) = 5	c) = 8				
12. a) = 10	b) = 1	c) = 3	d) = 3	e) = 2	f) = 5	g) = 8
13. a) = 1	b) = 5	c) = 10				
14. a) = 1	b) = 5					
15. a) = 1	b) = 8					
16. a) = 3	b) = 6					
17. a) = 1	b) = 3	c) = 5	d) = 8	e) = 10		
18. a) = 1	b) = 3	c) = 5	d) = 8	e) = 10		
19. a) = 1	b) = 3	c) = 7				
20. a) = 5	b) = 2	c) = 7				

结果

上班员工　29～69

加盟者　70～128

创业者　129～169

1.2　了解创业素质

1.2.1　拥有创业能力，不只是为了创业

课堂引入

据1999年发布《中华人民共和国职业分类大典》（以下简称《大典》）统计，中国的职业分为8大类，共有1838个。近年来，随着经济社会发展，职业从数量到内涵都发生着转变。2015版《大典》与1999版相比，新增了"快递员"等347个职业，取消了"话务员""制版工"等894个职业。电报收发员、修钢笔补锅匠……这些有着鲜明时代烙印的职业正逐渐消失，一批新职业也随

之出现。据《2018 年度人力资源和社会保障事业发展统计公报》统计，2018 年，中国城镇新增就业人数 1361 万人，第一、第二产业从业人数缩减，第三产业就业人员占比 46.3%，呈持续上升态势。《2019 年生活服务业新职业人群报告》显示，七成新职业从业者为大专及以下学历，高学历人才爱从事的 TOP3 新职业是心理咨询师、整形医生、STEM 创客指导师。在新职业从业者中，80 后和 90 后成为主力军，占比超过 90%。其中，1990 年以后出生的新职业从业者占据半壁江山；55% 的新职业从业者月收入高于 5000 元（人民币，下同），24.6% 的新职业从业者的月收入过万。根据调研数据计算的 TGI 指数，月收入在 1 万元以上的新职业岗位主要集中在宠物、结婚、休闲娱乐、医美、亲子等新兴生活服务业领域。

消失的职业举例如下：

- 早期打电话先要拨总机号码，通过接线员转接后才可以通话，随着程控交换机的普及，电话接线员的职业随之消失。
- 蜂窝煤曾是居民的主要燃料。将煤粉碎，经过和泥、搅拌等工序，放入模具，经过打击后定型。随着天然气、液化气等清洁能源的普及，加工蜂窝煤的职业也基本消失。
- 早期照相多采用胶卷，随着科技的发展，胶卷已经被数字设备替代，电影也变成数字电影。掌握暗房冲洗技术的人也没有了用武之处。

新生的职业举例如下：

- 人工智能工程技术人员、物联网工程技术人员、大数据工程技术人员、电竞顾问、轰趴管家、育婴师、非遗菜系传承人、宠物训练师、线上餐厅装修师、民宿房东、密室剧本设计师、宠物摄影师、旅拍策划师、植发医生等。

课堂提问

1. 在不久的未来，你也会步入社会，走上职业道路。看到以上的数据后，你的感想是什么？你如何看待这些新旧职业的快速变迁？
2. 你应该如何应对这些快速变迁的新旧职业？

启　示

职业变化的背后，折射出中国经济社会的巨大变迁。随着科技的发展，人工智能的兴起,新旧职业的变迁速度会越来越快。在未来的职业生涯中,我们需要掌握多种多样的技能,进入到跨领域和跨学科的工作、职位当中,甚至包括那些到目前为止还未被"发明"出来的工作或职位。为此,我们需要不断获得新的能力去建立新的关系和承担新的角色——这就是创业能力。

知识探究

1. 适应信息化时代的"创业能力"

"创业能力"可以理解为:为适应这个新时代所需要具备的技能和能力。

(1) 思考的能力　创业可以被理解为探索问题和解决问题的行为过程。挖掘问题的时候,需要批判性思维能力,在获取广泛多样的信息后,懂得高效地通过创新的思维去解决问题。

(2) 合作的能力　合作能力包含人与人之间的协作和沟通能力,无论线上还是线下的沟通,都需要应变能力,沟通到位了,工作才能顺利进行。

(3) 信息化能力　如何高效和有效地获取及评估信息是信息化社会的基本素养。在信息化时代,只有具备了基本的信息化素养和技能,才能够开展正常的工作,才能参与到整个社会的运作当中。

(4) 基本技能　无论过去还是现在,都需要读写和运算等基本技能,只有在掌握这些基本技能的基础上,我们才能正常融入社会中。

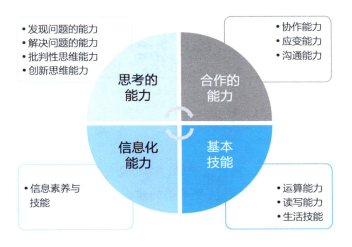

2. 任何职业生涯都需要的"创业能力"

针对未来职业生涯,"创业能力"可以从三个不同维度进行分析解读,分别是"专业知识""技能"和"态度"。

"专业知识"是未来就业或创业应具备的专业技能和知识。

"技能"则更多与个人所具备的基本素质相关,譬如突出的人际沟通和领导力,面对信息化时代和商场中的变数,有强适应能力的个人才能够获得成功。

"态度"也是"创业能力"中重要的维度,无论在日常工作中还是在事业打拼的过程中,拥有坚持不懈和积极进取的态度是事业成功的基本要求。

这三个维度之间没有严格的区分,并且有部分的意义重合,但是"专业知识"体现的是明显的认知能力,也就是说,是否具备相应的"专业知识"是可以通过考取证书等方式来证明,而"技能"和"态度"则更多地属于"非认知能力",需要在工作的过程中去体现。

	主要类别	具体相关
非认知能力 ↕ 认知能力	专业知识 Knowledge	• 基本创业认知 • 会计学 • 财务 • 市场营销 • 专业技术 • …
	技能 Skills	• 人际沟通能力 • 学习能力 • 领导力 • 危机公关 • 适应能力 • 问题解决能力 • …
	态度 Attitude	• 热情积极性 • 创新精神 • 毅力 • …

 知识应用

2012 年,因为奶奶生病,需要人照顾,李子柒便留在家乡,以开淘宝店为生,但也只能勉强度日。此后,李子柒接受弟弟的建议,也为了让生意更好,开始在网络上发布一些无厘头视频。摸索一段时间后,她转而拍一些自己真正拿手的事,比如做饭。

2015 年,李子柒开始自拍自导古风美食短视频,之后在编辑的建议下改成了

"古香古食"。期间,她曾用了一年多的时间还原"文房四宝"在古代的制作过程,也用古法制作过手工酱油,甚至以一己之力在院子里用木头和竹子搭了一座茅草棚和秋千架。

2016年,新浪微博推出了扶持内容原创者计划,李子柒成了受益者之一。她开始请教美拍特效视频制作达人@密码大叔,并在之后拜其为师,学习更多的剪辑方法。李子柒也在他的建议下购置了一台旋转屏单反相机,而一些高处俯拍的角度,她还得爬上树,用树杈固定才能完成。后来,锅碗瓢盆、板凳和石头也都成了她的固定工具;2017年4月,李子柒制作秋千的视频在美拍上点击量突破1000万,全网播放量达到了8000万,点赞超过100万。那时,每天都会有几十个广告商找上她,而受到广泛关注的李子柒也开始受到质疑,特别是关于她背后是否有团队,所做的事情是否由其本人亲自完成。

实际上,此前很长一段时间,她的主战场是视频平台美拍,直到网名为"香喷喷的小烤鸡"将她引荐给了微博美食频道的负责人,她才有了更大的平台。2017年6月16日,李子柒获得了新浪微博超级红人节"十大美食红人奖";7月20日,她与杭州微念科技有限公司联合成立四川子柒文化传播有限公司,持有49%的股份,李子柒负责视频内容,从此她拥有了网络红人最需要的专业团队和流量的支持。

2018年1月,李子柒的原创短视频在海外运营3个月后获得了视频平台YouTube的白银创作者奖牌,粉丝数突破100万,她也被国外网友称为"来自东方的神秘力量"。其发布的《汉妆》《面包窑》《芋头饭》等作品在脸书(Facebook)获得了数百万的播放量;7月,创作的短视频《番茄牛腩汤》播出;8月17日,李子柒的天猫旗舰店正式开业,并推出了五款美食商品;10月,她的短视频作品在YouTube的订阅数达到100万,并获得了烁金创作者奖牌。

课堂提问

1. 李子柒的成功与她个人所拥有的能力密切相关,根据前面所学知识,分析李子柒的"创业能力"。
2. 请尝试对自己现在所拥有的"创业能力"进行自我剖析。

启 示

李子柒有较强的发现问题并解决问题的能力;她的基本技能的掌握程度特别突出,比如日常生活中的技能;她后天积极主动地提升自我信息素养和技能,并且和多方开展高质量的合作,这些都是她取得巨大成功的关键。

拓展活动

任务名称	分组活动
任务目标	随机分组
实施者	全体参与（30人左右）
活动道具	• 6种颜色的便签 • 笔
活动步骤	（1）根据总人数，等分为红、橙、黄、绿、蓝、紫，共6个小组（根据总人数酌情确定要分多少个小组，每组内5人为上限）。 （2）准备以上6种颜色的便签，每种颜色准备5张。 （3）在不让看到便签颜色的情况下，在每个人的背上贴上便签，每个人都能够看到别人背上的颜色，但都不知道自己背上便签的颜色。 （4）以不能够询问别人自己背上的便签颜色为原则，给全体10～15分钟，找到自己的组员（同颜色为同组成员）。

1.2.2 评估创业特质

课堂引入 创业特质包括创业优势和个人特质两大方面。请认真看右图创业优势和个人特质下的相关条件。

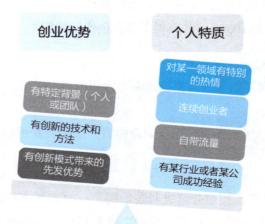

课堂提问

1. 根据创业优势和个人特质的相关条件，你联想到哪位成功的创业者？

2. 你所想到的这位创业者是依靠哪些优势或特质而取得今天的成功的？请跟同学们进行分享讨论。

启　示

不是有钱有闲有冲劲就可以创业，而是应该对市场的痛点、竞争的格局、行业的潜力和自己的优势有一个综合评估。创业者不需要具备创业优势和个人特质中罗列的所有条件，只需要某些条件特别突出，就足以加分。

 知识探究

1. 创业优势

（1）有特定背景（个人或团队）　创业者如果具备某种特质或者创业者的团队在某些方面有优势，也会有助于创业成功。雷军创立小米公司的时候就有一个集合了技术专家、市场专家、销售高手为一体的优秀团队，这个团队保证了他的项目能快速迭代，迅速走向成功。李子柒凭借个人技能使自身具备了流量优势，但她如今能蜚声国内外，则离不开背后专业团队的支持。

（2）有创新模式带来的先发优势　颠覆性的改变不一定完全由科技进步推动，有时候模式的创新也会带来某种优势，比如团购网站的鼻祖高朋（Groupon），最开始就是采用联合消费者向经销商压价的模式。这种模式并没有太多的技术含量，但

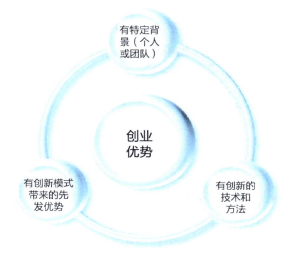

是相较于传统的买卖双方的交易模式，团购改变了供求双方力量的对比，逼迫商家给消费者以实惠。所以这种创新商业模式很快风靡世界。但模式的创新并不像技术的创新一样坚固。模式创新很容易被模仿，甚至被超越。ICQ 是早期的即时通信软件，但腾讯的 O ICQ 青出于蓝而胜于蓝，很快颠覆了原有模式。豌豆荚是早期的安卓应用商店，但 360 手机助手、腾讯应用宝很快追赶上来，占据了更大的市场份额。因此创新模式只有先发优势而没有绝对优势，构建的竞争壁垒比较低。创新者要利用好时间空当，与竞争对手拉开差距。

（3）有创新的技术和方法　很多创业企业之所以能在市场上站住脚，就是因为他们掌握了领先的技术和方法。比如，大疆无人机掌握了无人机生产技术，能提供高性价比的产品，从而成为行业领先企业。创新的技术和方法，会成为企业的核心竞争力，也会成为未来竞争的技术壁垒，这也就是为什么在新一轮创业大潮中，科技企业比较容易成为创业明星的原因。

2. 个人特质

（1）对某一领域有特别的热情　对某一领域有强烈的兴趣，可能更容易成功。比如，脸书的创始人扎克伯克，最开始做社交媒体的动机就是希望把哈佛大学的同学展示在网站上，提供一个大家交流讨论的平台。1985 年出生的得物 APP 创始人杨冰热爱篮球，他从一个篮球迷的深切感受出发，发现年轻人对高品质、有品位的运动潮品的购买需求没有得到很好的满足，就凭借自身的兴趣和需求，创办了得物 APP。

（2）自带流量　有人把现在的经济模式描述为"注意力经济"。谁能吸引用户的眼球，谁能掌握用户，谁就有可能在竞争中脱颖而出。所以如果创业者本身自带流量就更容易获得成功。比如，网络红人 Papi 酱在商业化运作之前就是网红，有上千万粉丝，所以当她希望打造视频娱乐平台 Papitube 的时候，自然就有人关注。场景实验室创始人吴声在《超级 IP：互联网新物种方法论》一书中概括了这种现象，这种超级 IP 本身颠覆了消费者的媒体接触习惯和转化购买习惯，天然构成一个生意。

（3）有某行业或者某公司成功经验　创业虽然是从无到有的过程，但是如果创业者本身具备某行业的经验，或者创业项目本身脱胎于某个已经成熟的项目，创业成功的概率就会大

大提升。现在很多投资人会看创业项目成员原先的工作背景。一般在原先工作领域有突出成绩,并且原先经验和现在创业有关联的创业项目比较容易受到投资人的青睐。

(4)连续创业者　失败的经历在很多场合都是减分项,但是在创业领域连续创业失败,不但不会受到歧视,很多时候还会成为加分项,因为连续创业者往往能从失败中总结教训,更加了解市场,也更加了解创业中可能遇到的陷阱。比如,王品牛排的创始人戴胜益连续创业9次才成功,其成功都不是一蹴而就的。不仅如此,目前市场上活跃的CEO,很多都是经历多次创业、连续创业才取得今天的成绩,所以连续创业者有时候有特定的优势。

知识应用

任务名称	创业者特质自我评估		
任务目标	创业者根据自身实际情况给自己打分,评估自己跟创业的匹配度		
实施者	个人测试		
活动步骤	(1)根据以下"创业者特质评估计分"表格进行自我测评		
	创业者特质	创业者具备的条件	自我评分
	创业优势	1. 有创新的技术和方法	
		2. 有创新模式带来的先发优势	
		3. 有特定背景(个人或团队)	
	个人特质	4. 自带流量	
		5. 有某行业或者某公司成功经验	
		6. 连续创业者	
		7. 对某一领域有特别的热情	
	总计		
	注:自我评分分值为1~5分,特别不符合为1分,特别符合为5分,可根据自身情况在1~5分之间任意选择最符合自己情况的数值。		
	(2)根据评分标准得出总分和结果 以上所有分值相加得出总计分数:总分在30分以上——有较好的创业条件,有较大成功概率;总分在20~30分之间——有基本的创业条件,可以考虑创业;总分在1~20分之间——创业条件一般,可以多方征求意见后再决定;总分低于10分——创业条件较差,需慎重考虑。		

拓展活动

任务名称	你觉得埃隆·马斯克具备哪些创业者条件？
任务目标	深入了解创业者必备条件
实施者	全体参与，组内讨论
活动步骤	1. 对"创业者必备条件"进行思考。 2. 阅读《埃隆·马斯克的经历》。 3. 以小组为单位进行组内讨论：埃隆·马斯克具备的创业者必备条件及具体表现。

埃隆·马斯克的经历

1971年6月28日，埃隆·马斯克出生于在南非的比勒陀利亚。在父亲的启发下，他从小就对科学技术十分痴迷。

1981年，10岁的马斯克利用自己攒的零花钱和父亲赞助的部分资金买了他人生中的第一台计算机，并且通过自学学会了如何编程。

1983年，12岁的马斯克成功设计出一个名叫"Blastar"的太空游戏软件，之后赚到了人生的第一桶金500美元。

1992年，大学期间，马斯克开始深入关注互联网、清洁能源、太空这三个影响人类未来发展的领域。在美国宾夕法尼亚大学沃顿商学院取得经济学学士学位和物理学学士学位。

1995年，24岁的马斯克进入斯坦福大学攻读材料科学和应用物理博士课程，但在入学后的第2天，马斯克决定离开学校开始创业。

1995年，马斯克在辍学后与弟弟卡姆巴·马斯克拿着硅谷的一个小集团的随机天使投资创办了Zip2公司，这是一家为新闻机构开发在线内容出版软件的公司。

1999年，美国电脑制造商康柏公司以3.07亿美元现金和3400万美元股票期权收购了Zip2公司，28岁的马斯克在这笔收购中获利2200万美元。同年3月，马斯克投资1000万美元，与两位来自硅谷的合伙人创办了一家在线金融服务和电子邮件支付业务公司"X.com"。

2002年10月，专注移动支付领域的贝宝被当时全球最大的网商公司易贝（eBay）以15亿美元全资收购，马斯克是贝宝最大股东，拥有11.7%股权，拿到了其中的1.65亿美元。

2002年6月，马斯克成立太空探索技术公司（Space X），出任首席执行官兼首席技术官，开始研究如何降低火箭发射成本，并计划在未来实现火星移民，打造人类真正的太空文明。

2004 年，马斯克向马丁·艾伯哈德创立的特斯拉公司投资 630 万美元，而他则担任该公司的董事长。

2008 年，金融危机爆发，因为研发成本过高，特斯拉濒临破产。

2010 年 6 月，特斯拉在纳斯达克上市，成功完成 IPO，净募集资金约 1.84 亿美元。上市后，马斯克在账面上赚了 6 亿 3 千万美元。特斯拉成为自 1956 年福特汽车 IPO 以来第一家上市的美国汽车制造商，也是仅有的一家在美国上市的纯电动汽车独立制造商。

2010 年 12 月 8 日，马斯克的 SpaceX 太空探索技术公司研发的猎鹰 9 号火箭成功将"龙飞船"发射到地球轨道，这是全球有史以来首次由私人企业发射到太空，并能顺利折返的飞船。

2016 年 12 月，马斯克成立 The Boring Company，这是一家用于解决地面拥堵问题的轨道交通公司。根据马斯克的设想，他将在地面上安装汽车暂停的"托盘"，汽车停好后，托盘会下降到地底，将车子在地底隧道间快速运输，最快时速甚至到达 200 公里。

2017 年初，他宣布计划制造一个更大的火箭，为 2022 年开始实施火星殖民计划作准备。

2018 年 11 月 8 日，马斯克与美国证券交易委员会（SEC）达成和解协议。根据和解条款，马斯克同意在 45 天内辞去特斯拉董事长的职务，但将继续担任首席执行官一职。此后三年之内，他没有再次被推选为董事长的资格。

2020 年美国时间 8 月 17 日，美股收盘，特斯拉股价暴涨 11.2%，报收与 1835.64 元/股，再创历史新高。马斯克的身家因此增长 78 亿美元，达到 848 亿美元，成为全球第四大富豪。

2021 年 2 月 19 日，在旗下 SpaceX 完成新一轮融资后，马斯克的净资产增至 1999 亿美元，第二次登顶世界首富。

1.2.3 探究创业动机

| 课堂引入 |

"动机"可以理解为心理状态，属于心理现象。美国心理学家 Woodworth 认为动机有以下几个功能：第一，动机具有激发的功能，它可以激发个体产生某种行为；第二，动机具有指向功能，它可以使个体的行为指向一定的目标；第三，动机具有维持和调节的功

能，它可以使个体的行为维持一定的时间，并调节行为的强度和方向。

正因为动机具备以上功能，所以创业动机是创业素质（创业素质包含创业特质、创业能力和创业动机）中非常重要并且必不可少的一个元素，甚至有人说"创业，动机比能力更重要！"

此外，如果从"引起动机的原因"这个维度来看待的话，可以将动机分为内部动机和外部动机。

课堂提问

1. 你觉得一个创业者一旦选择创业，他/她的内在动机和外在动机会是什么？请尝试分析一下。

2. 结合自身情况，试想一下，能够让你走上创业这个道路的主要"动机"会是什么？

启　示

内在动机是由激素、中枢神经唤起的状态、理想、愿望等；外部动机则是金钱、奖惩等。

知识探究

对创业动机的分析不外乎从内部动机和外部动机这两方面去进行分析。下面将从三个方面对创业动机进行分析，分别是：社会影响、资源驱动和个人成就。社会影响和资源驱动属于外部动机，个人成就则属于内部动机。

1. 社会影响

（1）环境影响　技术升级的长期积极影响很大程度上来自于和取决于当地经济中的创造性的知识和技能。从根本上来说，科技的进步不断改变着我们日常的工作和生活方式，因此，人们需要能够敏锐地在这个快速变化的世界中不断适应、学习和成长，通过对"创新创业"能力的培养为社会创造财富和就业机会。

（2）政策影响　李克强总理在2014年9月夏季达沃斯论坛上提出"大众创业、万众创新"，为了让整个中国掀起"大众创业""草根创业"的新浪潮，形成"万众创新""人人创新"的新势态，我国针对创业就业主要环节和关键领域陆续推出了多项税收优惠措施，这些新出台的税收优惠覆盖了企业整个生命周期。

2. 资源驱动

（1）家庭资源　父母是创一代的家庭积累了殷实的社会资源和财富资源。而家庭资源中更重要的一点是子女对父母一辈在创业过程中吃苦耐劳、拼搏向上的创业精神的耳濡目染，从而想创出一番事业。

（2）学校资源　校内创业专业知识的教授、创业导师的指导、项目孵化场地的提供，以及各类创新创业大赛作为融资平台的搭建等都体现出了学校资源对大学生创业的有力驱动作用。

3. 个人成就

（1）实现自我　是创业者建立精神支柱的过程，这是一个建立生存意义的过程。

（2）创造财富　要存活在这个社会中，财富必不可少，创业者需要创造财富来寻找生存支点。

（3）影响他人　创业的目的就是要或多或少地影响他人，找到自己的生存空间，甚至能够改变他人、改变世界，带来更美好的未来。

 知识应用

在大一就加入了学校艺术社团的 A，由于各方面能力都很出色，在大二被推选为艺术社团的副团长。A 喜欢玩抖音，会将自己的一些才艺表演、生活相关的小视频跟大家分享。某一次，A 在抖音上分享了自己的护肤心得后，一夜之间粉丝数量增至接近 6 万。最近，粉丝数量越来越多，甚至有小的广告商找到 A。A 一直是打算毕业后考公务员进入政府体制工作的，但现在开始动摇了，有了创业的想法。

课堂提问

如果你是 A 的朋友，你内心坚定地认为 A 非常有创业潜质，现在给你一个说服 A 去进行创业的机会，你会试图从哪些角度去说服她？

启　示

从创业动机的内部动机和外部动机两个大方向，即社会影响、资源驱动、个人成这三个方面去说服 A，让 A 拾起创业的动力。另外，还可以结合 A 所拥有的过人的创业特质和创业能力来说服 A。

 拓展活动

任务名称	角色扮演
任务目标	说服对方
实施者	三人一组
活动步骤	知识背景：本我、自我与超我是由精神分析学家弗洛伊德的结构理论所提出的精神的三大部分。"本我"（完全潜意识）代表欲望，受意识遏抑；"自我"（大部分有意识）负责处理现实世界的事情；"超我"（部分有意识）是良知或内在的道德判断。或者可以这么理解：本我是一个人兽性的、自然的欲望，超我是一个人精神的、完全理性化的几乎不可能出现的完美的行为，而自我就是本我和超我之间的一个平衡点。 游戏步骤： 1. 三个同学一组，一位扮演"本我"，一位扮演"自我"，一位扮演"超我"。 2. "本我"在减肥，但经过一条美食街时看着满街诱人的食物特别想吃；"自我"和"超我"要竭尽本职说服"本我"。

第 2 章　培养创意能力

| 课堂引入 | 知识探究 | 知识应用 | 拓展活动 |

 本章导读

无论创业机会属于什么创业方向，也无论创业机会属于什么创业类型，"创意"是关键，因为"创意"的出现是所有创业活动的第一步。也就是说，你得有新的想法，并在确定可行后，创业活动才能开始。这种新的想法就是创意。

但很多时候，人们认为创意是很罕见的东西，觉得创意应该是很难才能得到的，或者认为创意不是一般人可以想到的。然而，在这里要告诉你一个事实，创意能随时随地出现在我们周围，创意是可以从你所认为的普普通通的你、我、他/她脑中出来的。而对于公司/企业/组织的创业而言，他们的未来需要创意来支撑，只有拥有创意的组织才有未来，是创意让组织能够进步，是创意让组织向更美好的方向发展。

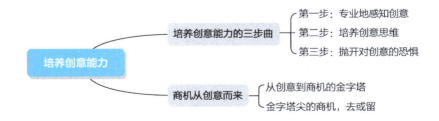

2.1 培养创意能力的三步曲

2.1.1 第一步:专业地感知创意

课堂引入

根据美国心理学家乔伊·保罗·吉尔福特(Joy Paul Guilford)的分析,人类在产生创意时具有下图所示的几个特点。

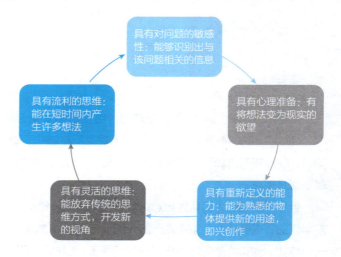

课堂提问

请进行自检,你觉得自己具备其中的几个特点?

启 示

这些特点应该是需要在同时具备的情况之下才能产生相应的创意效果。

 知识探究

1. 创意的组成元素

很多情况下,创意工具的使用被认为是创意的同义词。然而,培养创意能力不仅取决于工具,因为还有其他因素有助于有效地启动创意能力。这些元素,也就是组成并且直接影响创意能力的三个元素:专业知识、创造性思维和动机。

- **专业知识**：是指一个人所拥有的知识。我们所拥有的专业知识为我们提供了寻找解决方案的不同方式或方法。可以通过参与特定主题的研讨会和开展调查研究的方式，提高专业知识的获取能力。
- **创造性思维**：指的是一个人处理问题及解决问题的方式。它包括如何寻求想法，以及分析问题的方式、方法和技巧等。创造性技巧是创造性思维能力的一部分。因此，可以得出结论，使用创造性技巧仅仅可以提高部分的创意能力而已。
- **动机**：是指你的心理准备，即将想法变成现实的欲望。

创意能力可以通过影响这三个组成部分来提高。一些研究得出结论，认为动机对提高创意能力具有最大的影响力。但是实际上，根据个人或者组织的不同，某个组成部分相对于另一个组成部分的影响会更小或更大。

2. 影响创意的因素

通过以下这六个方面的因素对创意产生影响，依据这些影响因素进行实践管理，有助于提高创意能力。

（1）挑战性　指分配合适的人来完成某项活动。这涉及收集有效的信息以将任务与对应的合适的人员进行匹配。目的是保证完成挑战任务。

（2）自由度　是指人们有选择如何实现既定目标的可能性。因此，重要的是目标要明确，不能不断变化，否则，就不能称得上有自由。

（3）资源可利用性　在经济、时间和物质资源之间取得平衡，以创造一个有利于创意能力产生的环境。

（4）团队成员的多样性　要知道，拥有创意能力的团队在完成任务或工作的时候会更加有效率。因此，整个团队的构成就非常重要了，这涉及团队构成的多样性，因为团队的多样性能够触发更多不同的声音和观点，更能够激发团契精神或者说是团队精神——大家对达成目标有一致的热情并且能够互相尊重。

（5）适当的激励　指上级对下级的影响，也就是在下级提出意见或想法时，上级的认同方式是什么样的，不是只做表面功夫，而应该是真心实意地、真正地去评估和考虑下级的想法。

（6）来自组织的强有力支持　指组织的领导者要鼓励和支持通过合作和信息交流来激发创造性环境。

 知识应用

"你赶紧打电话给卡卡他妈，问问她对孩子的牙刷有啥要求。""我也出去访问一下西西，她女儿才两岁，正是我们的目标客户，可以听听她给宝贝买牙刷时都是怎么考虑的。"此时已是午饭时间，我和队友们却不愿意停下来吃饭，而是快马加鞭，抓紧为我们正在研发的一款智能儿童牙刷做调研。

我们所在的地方叫 WECO，这个创意空间就设在上海八百秀的一间办公楼里，主人黄女士是一位笑声爽朗、热爱交友的创新设计大咖。收到她的邀请，我和几个活力四射的小姑娘一起，来这里玩起了 JAM 创意派对。JAM 在英文里有两个意思：一个是美味的果酱；另一个是即兴演奏，几个拿不同乐器的乐手走到一块儿，现场发挥，创作出一首不可复制的、激情四射的现场艺术作品。这一场景在爵士乐团中经常可以看到。它所代表的精神正是创新文化的内核：跨界融合，激情创造。JAM 创意派对有一天的，也有两天的，就是把一群来自不同行业的人，编成四五人一组的小组，围绕一个受邀人群感兴趣的主题，选择自己想研发的产品或服务，并在 24 小时或 48 小时内拿出原型和商业模式，上台去呈现。说不定，现场就有风投等着你呢！

经过一天紧张的竞赛，最后我和我的小组以一款创新的智能儿童牙刷夺得此次派对的冠军。我们兴奋地跳起来，开香槟、击掌、合影，好好庆祝了一番。团队成员小马感慨地说："今天每个小组都士气高涨，小组的威力怎么这么大？"我点点头说："这就是小组制的魅力，你看这样的小组，由四五个人组成，既有足够的多样性，又有必要的亲密感，其实谁也命令不了谁，但每个人在这样一个小圈子里，好像不为团队达成目标倾尽全力都不好意思。它完全不靠正式的管理指令来驱动，而是靠人与人之间的信任和协同来驱动。"小马赞赏地说："确实如此。我的公司成立也快五年了，感觉员工的创业激情不如从前，我也正在考虑要不要把他们重新组织成这样的项目小组，再次点燃他们的奋斗热情。我要做个孵化平台，放手让他们去干，成熟一个放飞一个，谁成长得快，谁就有机会出去单独成立公司，资金我出一半，他们出一半。这样一个个裂变下去，应该能杀出一条血路来，你看呢？"我用力拍拍他的肩膀说："很不错的想法呀，大胆去试吧。"

课堂提问

JAM 创意派对之所以能够调动大家的参与热情，迸发创意，你觉得有哪些影响因素？为什么？

启　示

JAM 创意派对就是一个创意工作坊。从人员的邀请（成员多样性、资源可利用性）、主题的设定（挑战性）、设定的完成时间（挑战性）、氛围的营造（自由度、适当的激励、组织支持）等可以看出这必定是一场让创意迸发的派对。

拓展活动

任务名称	了解影响创意的因素
任务目标	让学生体会产生想法的过程
实施者	全班参与
活动步骤	1. 进行投票：你认为创意能力的六大影响因素当中，哪个因素最重要？ 2. 根据投票结果进行分组，并就你所认可的原因在组内进行分享讨论，并以小组为单位将组员们所认为的答案分享出来。 3. 思考每个小组的分享，你认为哪个最合理？为什么？

2.1.2 第二步：培养创意思维

课堂引入

5W1H 分析法也称六何分析法，是一种思考方法，也可以说是一种创意方法。现在请尝试使用 5W1H 这个创意方法，分析我们的上课方式，尝试启发我们找到另一种上课形式或方式。

5W1H	现状如何	为什么	能否改善	该怎么改善
What（上课的对象）			是否有其他的上课对象	
Why（上课的目的）			能否有其他的上课目的	
Where（上课的场地）			是否有其他的可使用的上课场地	
When（上课的时间）			能否有其他的上课时间	
Who（授课的是谁）			能否有其他的授课者	
How（授课的方式）			能否有其他的授课方式	

启　示

我们应该还听说过很多其他的创意工具和创意方法（论），如头脑风暴、六项思考帽、SWOT 矩阵、设计思维等，甚至还尝试着使用过，也确实感受到这些工具/方法（论）的魅力。但是，我们绝大部分人却在尝试使用过后，无法真正掌握它们的使用方法，即在实际应用场景中无法确定应该使用哪种（些）创意工具或方法（论）。这说明我们还是没有正确理解这些工具背后的理论和逻辑。

 知识探究

1. 创意产生的过程——发散思维和收敛思维的交替过程

美国心理学家乔伊·保罗·吉尔福特总结，人类在产生创意的时候，通常会经历如下图的思维过程，这是"收敛思维"（Convergent Thinking）和"发散思维"（Divergent Thinking）的一个交替的过程。

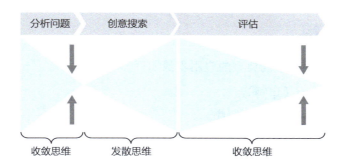

收敛思维是从所有的知识点开始进行思维，进而缩小范围，但与此同时，细节性不断增强；这一过程适合用一个具体和清晰的方式找出问题所在。发散思维的运用则是一个相反的过程——首先从一个特定的主题开始，然后扩大其范围，目的是从不同方面进行思考而产生创意和想法。这些创意和想法产生的目的，又是为了解决之前所发现的问题。

虽然发散思维是为了产生更多的创意和想法，但是产生创意和想法的方式不能仅局限于发散思维，而应该将这两种思维结合起来。创意能力需要一个开启点，这个开启点需要被清晰地界定，而这就得通过收敛式思考、定义（找准）问题并对可创新的区域进行思考。随后，在运用发散思维产生一系列创意点子后，收敛思维又再次起作用，其目的在于选取创意点子或者不同点子的组合作为最佳的解决问题的方法。

2. 逆向思维是对正向思维的批判

（1）正向思维　正向思维也叫顺向思维，是常规的、传统的思维方式。比如，我们习惯按照从上到下、左到右、前到后、低到高或小到大这样的方式去进行观察和思考。在产生创意的过程中，人们往往对这种思维有过度批判。

（2）逆向思维　逆向思维是求异思维。人们常常习惯于某种思维方式，也会以司空见惯的态度来看待事物，而逆向思维就像是对正向思维的批判，反其道去思考我们习惯于顺向对待和看待的事情，会有不一样的效果。

3. 横向思维和纵向思维是思维发散的过程

我们在进行发散性思维时，除了需要运用正向思维和逆向思维的之外，横向思维和纵向思维的使用也是非常重要的。

（1）横向思维　是思维往更宽广领域拓展的前进式思考模式，不应该受到任何范畴的限制，因此往往在这个时候，会创造出意想不到的创新观点和新事物。

（2）纵向思维　需要在某个特定范畴或指定的结构范围内按由浅到深或由高到低或由始到终的结构性思维方式进行思考。

知识应用

六项思考帽在会议中的典型的应用步骤如下。

1．陈述问题事实（白帽）。
2．提出解决问题的方案（绿帽）。
3．评估该方案的优点（黄帽）。
4．列举该方案的缺点（黑帽）。
5．对该方案进行直觉判断（红帽）。
6．总结陈述，做出决策（蓝帽）。

课堂提问

深入分析六项思考帽创意工具结合使用了什么创意思维？请具体说明。

启　示

发散思维、收敛思维、横向思维、纵向思维、正向思维、逆向思维均被使用。

拓展活动

任务名称	用六项思考帽工具改进上课的方式
任务目标	让学生体会不同创意思维的交替使用
实施者	小组参与
活动步骤	1．参考本节【课堂引入】中5W1H的结果。 2．以小组为单位，6人成一小组，每位成员扮演相应的六项思考帽中的帽子角色。

2.1.3　第三步：抛开对创意的恐惧

 课堂引入

2010年，德国的著名研究机构弗劳恩霍夫工业工程研究所（Fraunhofer IAO）发表的一篇文章里对有助于产生想法的地方进行了分类。

1. 在大自然中（远足、骑自行车、攀岩等）。
2. 在家里（吃饭、做饭、看书、看电视等）。
3. 假期/旅行。
4. 出差/去往办公室的路上。
5. 在休闲运动期间/在俱乐部。
6. 在无聊的会议期间。
7. 在有趣的会议期间。
8. 在工作场所。
9. 在工作休息期间。
10. 在使用创造力技巧时。

课堂提问

请全班同学投票，觉得以上 10 个选项中，哪个选项是产生创意最多的场景？

启 示

获得创意的方法有很多，方法论也很多，但获得创意的心态只有一个——就是放松。弗劳恩霍夫工业工程研究所发表的有助于产生想法的地方的具体数据如下所示。

1. 公司外（76%）意味着：
   - 在大自然中（远足、骑自行车、攀岩等）：28%。
   - 在家里（吃饭、做饭、看书、看电视等）：14%。
   - 假期/旅行：13%。
   - 出差/去往办公室的路上：11%。
   - 在休闲运动期间/在俱乐部：9%。
   - 其他地方：1%。
2. 公司内部（24%）意味着：
   - 在无聊的会议期间：10%。
   - 在有趣的会议期间：6%。
   - 在工作场所：4%。
   - 在工作休息期间：3%。
   - 在使用创造力技巧时：1%。

知识探究

想到创意，也许大部分同学会觉得创意是很难获得的，接下来我们就要尝试抛开对创意的恐惧，要相信，创意并不难得到，创意其实很简单。根据上面的课堂引入活动，我们应该有这样的感受：获得创意的方法有很多，方法论也有很多，但获得创意的心态只有一个，那就是放松。究竟什么是创意？以下是对创意的两个基本定义：

- 思想或概念之类的东西，它可能或实际存在于心灵中作为心理活动的产物。
- 由于心理洞察力、意识或活动而在心灵中存在的任何概念。

然而，这两个对创意的定义还是过于晦涩了。因此，我们可以尝试从怎样获得创意的角度来理解究竟什么是创意，具体为以下4点：

- 创意是旧元素的新组合；
- 创意是一场关联的盛宴；
- 创意是将两个或更多的想法组合或结合起来进入一种新的并置，以便发现他们之间的联系；
- 创意是一场思想交叉结合的过程。

总的来说，我们可以通过将已有的知识、信息、事实和想法以某种方式重新组合和联系而得到创意。因此，我们可以从怎样获得创意的角度并且结合前面两个基本定义，来重新定义创意：

- 创意是意识，是想法，是心理活动的结果，是将已有的知识、信息、事实和想法以某种方式重新组合和联系所产生的心理活动的结果。

 知识应用

日本的一位玩具研发员，一直以来的梦想就是创造出前无古人后无来者的新玩具。当他刚入职一家玩具公司的时候，他每天都向上司提出许许多多的新点子，可是他的上司总是问他："是否有数据能够证明这些产品可以卖出去？"并且还要求他分析了市场数据后再考虑产品的研发。于是，他便开始分析市场数据，再去考虑产品的研发。可是自此以后，他就想不出任何新点子了，因为他的想法和点子都不是原创的。他开始厌倦了工作和思考。

在一次启发之后，他决定要抛开数据，重新思考自己的初心——创造出新的玩具！

他认为，在获得点子的时候，可以暂时不用考虑市场数据，他用一种叫作Shiritori的游戏，来辅助自己想出新的点子。Shiritori的中文译文是"文字接龙"的意思，比如：apple→elephant→trumpet，也就是你在想到一个新词的第一个字母/音节必须是前一个词/字的末字母/音节。用这种方法，很多看似随机的词汇就会不断蹦出来，他就利用这种方法和玩具结合起来，形成新的点子。例如，"带可乐的玩具？"他会想到一把可以用来发射可乐并把别人弄成落汤鸡的玩具枪。再例如，"和牙刷相关的玩具？"他想到将牙刷和吉他结合起来，他做成了吉他形状和带吉他乐器功能的牙刷，刷牙时吉他也能随之震动运作起来，这样不喜欢刷牙的小孩也会爱上刷牙。

这位玩具研发员说，数据当然重要，但是接龙游戏可以辅助你创造出大家根本无法想象的、令人澎湃的未来。

课堂提问

在这位玩具研发员看来，创意是什么？你认同这种看待创意的方法吗？

启　示

创意不是全新的东西，一个创意可以是旧元素的新组合，也可以是一场"关联"的盛宴。哪怕是荒唐的想法都没有关系，关键是要一直有新的点子，新点子越多，就一定会有好的点子。主要方法是不要从分类中思考，而是从随机获取的词汇结合中获得点子，因此，我们可以翻开字典随意获得词汇，走进商场随机结合不同商品的名称等。这个方法的优点是你可以源源不断地获得流动的画面。同理，这种方法可以用到关于图书、App或企划创意等工作当中。

拓展活动

任务名称	你也来当玩具研发家
任务目标	让学生体会如何获得创意
实施者	全班参与
活动步骤	1. 以"积木"为第一个词语，以前一个词语的最后一个字作为下一个词语的开头，如"积木"→"木头"→"头发"；可以接两个字或三个字的词语，也可以是成语 2. 全班同学都参与一轮后，将同学们所提供的所有词语罗列出来，让大家异想天开地组合出一件有趣的玩具

2.2 商机从创意而来

2.2.1 从创意到商机的金字塔

 请将潜在机会、商机、信息、创意按照数量的多少，依次填入右图 a、b、c、d 四个位置中。

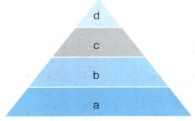

启 示

答案：a：信息，b：创意，c：潜在机会，d：商机。从海量的信息当中，我们通过批判性思维将有用的信息进行组合和关联，得到了创意。我们还需要通过不同的原则和方法将创意逐步有效筛选，确定最终可行的商机。

知识探究

1. 从创意中甄选潜在机会

还记得上一节课上提到的日本玩具研发员吗？他给我们提供了对产生创意很有帮助的"文字接龙"方法，但是，当海量的"创意"产生之后，我们该怎样甄别哪些"创意"是可以成为真正的商机呢？首先，我们得从这些创意当中，按照以下原则筛选出潜在的机会。

（1）吸引力　它得是一个创意，它必须代表一种客户渴望的未来状态，具有吸引力。因为它表现出来的潜在收益和投资回报，得远超创造产品所消耗的可预见成本和资源。

（2）可利用性　是指这个想法是能够带来价值的，由它而产生的产品或者服务能给购买者或最终用户创造或增加价值。更专业地解释是，这个想法应该具备这个特征：依附于为买者或终端客户创造或增加价值的产品、服务或业务，必须解决客户的"痛点"。

（3）及时性　这是针对某个想法的，这个想法是现时消费者的需求，也就是说，它是现时市场随时准备购买的解决方案。

（4）持久性　是指一种可以长久维持的过程或状态。也就是说这个想法必须处在一个持续放大的机会窗口下，具备可持续性的。

2. 在潜在机会中甄别出实际商机

在依据吸引力、可利用性、持久性和及时性这四点将潜在机会从创意中甄选出来后，需要进一步做的就是思考并结合自身资源来甄别出实际的商机。作为推动创业的要素，资源是创业成功的关键，很多成功的创业往往得益于关键资源的拥有。在初创阶段，创业者的资源获取能力是关键，因为在初创阶段，往往资源不足，资源的整合能力、怎样有效利用资源、将资源整合产生 1＋1 大于 2 的效果，则是关键。

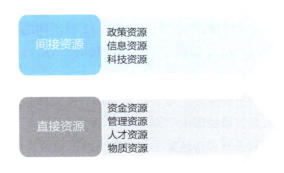

因此，管理资源是关键，管理资源能把潜在生产力转化为现实生产力，它具有无形和潜在的特点。它之所以成为一种资源，是因为在不增加资金资源、物质资源和人才资源这三种有形资源的情况下，通过加强管理，可以做到合理配置和充分有效地利用现有的人、财、物，从而增加产量、产值和利润，取得较好的经济效益。

另外，间接资源的支援比直接资源的支援更难得到，因为间接资源对于创业者本身来说不可控的程度更高，创业者对直接资源具有更强的把控性。

知识应用

创建卡里斯坦精美巧克力公司的想法源于1998年，格雷厄姆的癌症康复后，他和妻子多莉丝出去旅行了一次，期间他们认真地谈了一次，决心拥有自己的公司。起初他们决定重新对糖果进行包装，然后在加拿大销售。几个月后他们与剑桥的一个亲戚聊起了自己的想法，后者也对创办类似的公司感兴趣。最后他们探讨了各种思路，决定集中精力投资糖果业。

起初格雷厄姆决定向安卡斯特市的一家巧克力制造商咨询，以获得更多的该行业的知识。该公司告诉他，即将开始的巧克力制造课程可能可以回答他的问题。格雷厄姆于是在1999年的1月学习了该课程，并认定这就是他要从事的事业。1999年的5月，他们夫妻二人获得了开办卡里斯坦精美巧克力公司的营业执照。

生产和零售的地点就是他们家的地下室，这个地下室在1999年中期才装修完毕。他们开始做各种配方，并进行相应的设计工作。1999年10月，他们做成了自己的第1笔生意。2000年的2月，布兰特福德商场向他们提供了一个很好的机会，让他们在情人节期间在该商城搭建一个亭子销售巧克力，结果很成功。从1999年到2002年的4年中，公司的年销售收入分别是1700美元，14700美元，25300美元和25200美元。每年一半的销售额是在圣诞期间完成的。小亭子实现的销售额占全年销售额的百分比从2000年的28%上升到2002年的42%。

在经营企业的过程中，多莉丝掌握了很多糖果业的知识，尤其是有关巧克力业务的知识。2003年8月，他们的产品线已经包括12种不同的巧克力糖、多种时令巧克力以及为顾客定做的产品（如箱型的、玫瑰形的巧克力）。另外，他们还对当地巧克力商店的竞争者产品进行了抽样和分析。

巧克力糖成为公司的主要业务。每种巧克力都有不同味道的填充物。填充物都是手工搅拌的，并滴入高质量的瑞士"瑞士莲"巧克力中。巧克力糖的外表上被涂成白色、黑色。高品质的成分和特色鲜明的巧克力糖迅速成为公司的优势。

卡里斯坦精美巧克力在黄页和当地报纸做广告。在婚礼或当地的慈善活动期间，公司还会有一些促销活动，这对广告是一个补充。公司吸引了当地一小部分高收入居民成为其忠实客户。

课堂提问

格雷厄姆和多莉丝在开办巧克力公司之前，他们是怎么确定这个想法是行得通的？请结合所学知识，对他们的想法进行分析。

启　示

格雷厄姆和多莉丝的案例可以首先从吸引力、可利用性、持久性和及时性这四点进行分析，确定这个想法可以成为潜在的机会。然后，进一步分析夫妻所拥有的直接资源和间接资源后，确定这个潜在的机会可以成为真正的商机。

拓展活动

任务名称	创意管理活动
任务目标	让学生学会管理创意
实施者	团队活动
知识背景	对于一个企业/组织，创意和想法可以来自客户、员工、供应商、投资人，也可以是任何人。创意的来源可以很多，创意的数量也可以很多，那么有什么方法可以让这些创意真正产生效益？这就需要进行创意管理。 　　创意管理是系统地收集创意的实践，旨在选择具有影响力的重要创意，为组织带来有形和无形的利益。创意管理是一个结构化的过程，用于生成、捕获、讨论和改进、组织、评估和优先考虑有价值的洞察力或替代思维，否则这些思维将不会通过正常过程出现。创意管理可被视为收集、处理、选择和分发想法的结构化过程。它可能包括通过提供方法和工具（如模板和指南）来支持收集、存储、改进、评估和确定想法的优先级。创意管理是创新过程的一个组成部分。创意管理可以出现在有时间限制的创意制作活动中，也可以永久地用于处理创意。创意管理的阶段有不同的分类方法，下面主要介绍最常见也是最典型的五个阶段。 　　阶段一：创意起源和收集。通过鼓励所有员工合作解决特定问题来产生想法；支持投票和评级。 　　阶段二：创意评估和选择。公开分享创意想法和经验；讨论进一步实施。 　　阶段三：创意反馈和认可。从其他员工和管理层中获得反馈；承认/奖励付出努力的员工。 　　阶段四：创意实施。为获得支持的创意提供和分配资源，可以作为当前创新战略的一部分，或以后执行。 　　阶段五：储存创意。保留好的创意以备将来使用；实施学习。

(续)

活动步骤	1. 重新思考在"你也来当玩具研发家"活动中得到的创意。 2. 利用思考拥有的"间接资源"（政策资源、信息资源、科技资源）和筛选的四个原则（吸引力、可利用性、持久性和及时性），来投票选择出你觉得可以进一步实施的创意

2.2.2　金字塔尖的商机，去或留

课堂引入　　联合国可持续发展目标（Sustainable Development Goals）是一系列新的发展目标，在千年发展目标到期之后继续指导2015—2030年的全球发展工作。2015年9月25日，联合国可持续发展峰会在纽约总部召开，峰会正式通过17个可持续发展目标。

1. 消除世界各地一切形式的贫穷。从2015年到2030年间以综合方式彻底解决社会、经济和环境三个维度的发展问题，转向可持续发展道路。
2. 消除饥饿，实现粮食安全，改善营养和促进可持续农业。
3. 让不同年龄段的所有的人过上健康的生活，提高他们的福祉。
4. 提供包容和公平的优质教育，让全民终身享有学习机会。
5. 实现性别平等，保障所有妇女和女孩的权利。
6. 为所有人提供水和环境卫生并对其进行可持续管理。
7. 每个人都能获得价廉、可靠和可持续的现代化能源。
8. 促进持久、包容性和可持续经济增长，促进充分的生产性就业，促进人人有体面工作。
9. 建造有抵御灾害能力的基础设施、促进具有包容性的可持续工业化，推动创新。
10. 减少国家内部和国家之间的不平等。
11. 建设包容、安全、有抵御灾害能力的可持续城市和人类社区。
12. 采用可持续的消费和生产模式。

13. 采取紧急行动应对气候变化及其影响。
14. 养护和可持续利用海洋和海洋资源以促进可持续发展。
15. 保护、恢复和促进可持续利用陆地生态系统，可持续地管理森林，防治荒漠化，制止和扭转土地退化，提高生物多样性。
16. 创建和平和包容的社会以促进可持续发展，让所有人都能诉诸司法，在各级建立有效、负责和包容的机构。
17. 加强执行手段，恢复可持续发展全球伙伴关系的活力。

课堂提问

如果让你针对其中一个或多个可持续发展目标作为创业方向，你感兴趣的是哪个（些）可持续发展目标？

启 示

可持续发展性，或者说是可持续性是商机的重要特点之一，也是值得关注的重点之一。以上可持续发展目标是全球系列发展目标，在某种程度上反映了你所在地区目前发展情况，同时也一定会在未来影响你所在的地区和全球的整体发展方向。因此，在你从创意到潜在机会再到商机这一层级的甄选过程中，对这些可持续发展目标的考虑也是必要的。

知识探究

从信息中寻找创意，再从创意到潜在机会逐步甄别出真正的商机之后，你有可能纠结于多个你认为可行的商机。

因此，需要从机会类型的角度对多个商机进行对比，最终确定一个可以全力以赴进行的商机。传统产业机会会偏向稳定，但竞争激烈，且多数呈饱和状态。模仿型企业开始比较容易，但竞争壁垒较低，容易有同类型的竞争对手甚至随时被超越。破坏型创新机会则缺少可持续性，因此考虑商机本身的可持续性非常重要。

知识应用

A 是创二代，其父母经营面包店，现在在同一个城市中有接近 5 家店面了。从小受到父母积极向上且坚毅不挠的创业精神和创业态度的耳濡目染，A 从小就立志长大后也要创出一番事业。在大学，他修读的是控制工程类的专业，还辅修了创业学等专业，结识了一批志同道合的同学，在学习过程中也识别了一些具体的创业项目。受到现在市场上一些热门创业项目的启发，A 和同学们挖掘的都是跟技术类相关的创新型项目。

在他毕业前，父母提出希望他可以继续打理家里的面包店。但是他非常纠结，内心很想和志同道合的同学们一起实现自己的创业梦想。

课堂提问

如果你是 A 的朋友，你会给他什么建议？为什么呢？

启 示

A 家族的面包店，虽然属于传统型产业，但是早在市场上占有一定的份额，作为内部创业，A 可以进行可持续创新，融入一些新的创新元素。

A 如果选择跟同学一起创业，需要冒的风险较大；虽然是新产业机会，但是是模仿型机会，需要利用好时间空当，与竞争对手拉开差距，这个要求比较高。

拓展活动

任务名称	未来人 & 现代人
任务目标	训练学生的创意能力——发散性思维
实施者	全班参与
活动背景	一群来自未来（2100 年）的人乘坐飞船来到今天，现代人对未来人的世界充满好奇，想知道很多很多关于未来世界的情况，因此提出了很多很多的问题。
活动步骤	1. 小组内平均分为两组人群，一组群为现代人，另外一组群为未来人。 2. 准备阶段——未来人发挥丰富的想象力，尽情畅想 50 年后所生活的世界里各个方面的现实情况，以应答稍后现代人的提问；同时，现代人作为一个组群，尽可能地记下想要问未来人的问题。 3. 游戏阶段——两组人群进行问答互动。

第 3 章　提升创业逻辑

|课堂引入|知识探究|知识应用|拓展活动|

 本章导读

　　创业前，需要了解商机打开的时间窗口，因为商机具备持久性和及时性这两个矛盾又统一的特点，只有在正确的时间进入正确的行业，才能无往不胜。另外，在决定创业前，还要懂得快速掂量开展商机所要花费的直接成本和机会成本，掌握提升时间投资回报率的方法，以进一步坚定自己创业的信心。

　　创业时，除了弄清楚初创企业的一些基本特点，如初创企业的创业路径、逻辑、原则和关注点等，还需要了解现代社会的正确创业思维，以进一步指导自己确定正确的创业方向。

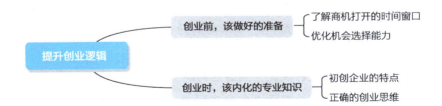

3.1 创业前，该做好的准备

3.1.1 了解商机打开的时间窗口

课堂引入

张树新是中国互联网行业第一个"吃螃蟹"的人。在大多数人还没听说过互联网和电子商务的时候，他就开始成立自己的公司瀛海威了。作为国内第一家ISP（网络接入服务商）和ICP（网络内容服务商），当张树新去原邮电部申请互联网（Internet）的时候，工作人员都不知道它该放在哪一类，也没有人知道如何去收费。

可以说张树新是先知先觉的，他早就意识到互联网的明天绝对美好。所以，张树新将公司的广告牌竖立在中关村的路口，上面写着的是：中国离信息高速公路还有多远？向北1500米。并且，他还四处宣传：瀛海威提供了一个网络平台、让终端用户在上面享受服务内容。另外，为了让自己的公司能够快速成长，张树新还出让了瀛海威73.5%的股份，吸纳了中兴发7300万元的投资。

又是大力宣传，又是引进外资，瀛海威发展得怎么样了呢？

非常遗憾。这种商业模式在1995年似乎赚不到钱。那时候，瀛海威在全国有8个分公司，拥有5万用户。按照北京公司的经营状况，有2万用户才可以盈利的话，那么，瀛海威整体上还差11万用户。

基于这种状况，瀛海威的决策者不得不慎重考虑公司未来的发展方向了，投资方决定让张树新"下课"，就这样，张树新彻底失败了。

课堂提问

你觉得张树新失败的原因是什么？

启 示

事后，张树新总结说：我误入互联网行业，是万幸中的不幸。我在错误的时间进入一个正确的行业,结果还是错误的。

现在看来,张树新的反思是对的,他确实是在错误的时间进入了一个正确的行业。张树新的故事告诉我们,在机会窗口还没打开之前,过早地进入某一行业,等于选择了漫长的等待,创业的成功率不是很高。

知识探究

上文提到,创业的开始是对机会的发现,然而,是不是发现了商机就可以立马开启创业了呢?对商机开启时间的确定还需要有进一步的分析。

前面学过潜在机会的四个特点(吸引力、可利用性、持久性和及时性),乍一看,持久性和及时性看似矛盾但又统一,应该怎么解释呢?这个潜在的机会可以持续多久?对商机的及时开启具体指什么时候?这就需要用到美国著名的创业学家蒂蒙斯教授提出的著名理论——机会窗口模型来进行分析。

机会窗口就是企业实际进入新市场的时间期限。新产品市场建立,机会窗口就打开;随着市场成长,企业进入市场并设法建立有利可图的地位;在某个时间点,市场成熟,机会窗口会关闭。

下图中的纵轴表示市场规模,横轴表示时间,而从O点到A、B、C等点连成的曲线,则表示某一行业快速成长的历程与生命周期。其中,有一个经过AC两点的椭圆就是机会窗口。另外,图中阴影部分表示的是意识窗口,也就是说,在O到B点之间的这段时期内,一般人意识不到这就是一个非常不错的市场机会。

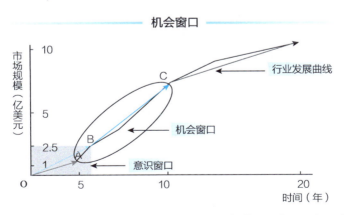

根据这条曲线,不难发现:在这个行业的发展初期(从O到A点),曲线的坡度比较平缓,商机出现的概率不大。但是,随着时间的推移(从A到C点),这个行业发生了翻天覆地的变化,市场以几何级的速度增长,市场机会也越来越多,并

且非常明显（特别是从 B 到 C 点）。如果等到市场变得更大和稳定下来后，市场的条件就变得不这么有利了（C 点以后）。换句话说，从 O 到 A 点的第一个 5 年是这个行业的酝酿期，从 A 到 C 点的第二个 5 年则是这个行业的机会窗口，而 C 点后，市场已经成熟，机会窗口就开始关闭了。

由此可见，好的商业机会必须在机会之窗存在期间内下手，如果等到机会窗口接近关闭的时候再来创业，那么，留给创业者的需求和余地就十分有限了，新创办的企业即使不以失败告终，也不会怎么赚钱了。

 知识应用

提到中国的绿茶饮料市场，我们首先想到的是康师傅和统一这两个品牌。特别是康师傅，它曾是这个行业的拓荒者。

康师傅的创始人，是中国台湾的魏氏四兄弟，他们子继父业，经营蓖麻油、棕榈油等食用油制品。从 1989 年到 1991 年的 3 年时间里，魏家兄弟曾经在北京、济南、秦皇岛等地开办了 4 家合资企业，先后生产过顶好清香油、康莱蛋酥卷和蓖麻油等产品。尽管产品质量不错，但是，市场反应一般，当初随身携带过来的 1.5 亿新台币所剩无几。就在四兄弟之一的魏应行万般无奈、准备打道回府的时候，一次偶然的坐火车的经历，让魏应行嗅到了商机，不但改变了魏氏兄弟的命运，还催生了一个食品王国。

1992 年 8 月，康师傅在天津开发区成立天津顶益国际食品有限公司后，康师傅的方便面马上走俏市场，康师傅这个牌子几乎成了国人心中方便面的代名词。这块市场做起来了后，魏氏兄弟将公司升级为顶新国际集团。1995 年，顶新集团开始在天津注册顶圆公司生产糕饼，1996 年后又开始在杭州注册顶津公司生产饮料。康师傅的绿茶就是在那个时候推出来的。

对比康师傅方便面的市场开拓，康师傅绿茶的市场开拓虽然不大顺利，不过，随着时间的推移，喝绿茶的人还是一天比一天多了起来。1998 年里，绿茶饮料市场上，出现了另一个品牌——统一。

2002 年后，市面上出现了不同品牌的绿茶。其中一个，就是加多宝。但很遗憾的是，加多宝集团公司打了几千万元的广告后，销量才一两千万元，收效甚微，而市场的霸主依然是康师傅和统一。无奈之下，加多宝只好另起炉灶，生产凉茶。

课堂提问

请尝试用机会窗口模型分析为什么康师傅绿茶和统一绿茶可以在中国绿茶饮料市场上成为龙头老大，而加多宝们则不行。

启 示

康师傅和统一是在绿茶饮料的机会窗口打开期间进入的市场，而加多宝绿茶则是在绿茶饮料市场已经非常成熟（也就是处在行业发展曲线上的 B 到 C 点之间）的时间才跻身进入市场，结果只能是"凶多吉少"。

拓展活动

任务名称	机会的产生
任务目标	让学生体会产生想法的过程
实施者	全班参与
活动步骤	当人们只有"次优解决方案"时，就是"机会"出现的时候。纵观历史，只要出现尚未解决的问题或是没有满足的需求，人们就会试图去寻找相应的解决方案。每每这个时刻，就是机会来临的时刻。 1. 请思考，在我们的生活当中，哪些你所接触到的物品、享受到的服务是你认为还有提升空间的？ 2. 请将你的看法分享出来。

3.1.2　优化机会选择能力

课堂引入

假设你是一家公司的高管，在离开校园 10 年以后，你打算回到学校攻读 MBA 学位。

课堂提问

你认为攻读 MBA 要花多少"成本"？具体是什么？

启 示

机会成本：是指由于采取一种选择而必须放弃另一种选择，由此而失去另一种选择所能带来的收益，包含直接成本（指直接用于生产过程或者从事某个活动直接产生的各项费用）和不可见的成本。

你在考虑重新回到学校攻读 MBA 时，需要承担的可见的机会成本（直接成本）就是学费、交通费等攻读学位的相关花费。你还需要考虑不可见的机会成本，就是因为读书而失去的薪酬以及职位晋升的机会。

所以如果要对攻读 MBA 这个机会进行评价的话，应该同时考虑完整的机会成本。

知识探究

1. 快速掂量商机

- 机会成本指企业为从事某项经营活动而放弃另一项经营活动的机会，或利用一定资源获得某种收入时所放弃的另一种收入。对商业公司来说，可以是利用一定的时间（time）或资源（resources）生产一种商品时，而失去的利用这些资源生产其他最佳替代品（substitute）的机会就是机会成本。

- 在生活中，有些机会成本可用货币来衡量——金钱回报。金钱回报率：即在一定时期内的收益占本金的比率，一般作为衡量基金投资收益程度的参数。例如，农民在获得更多土地时，如果选择养猪就不能选择养鸡，养猪的机会成本就是放弃养鸡的收益。

- 但有些机会成本往往无法用货币衡量，如果创业者将全部时间、精力、社交资本和资金都投入到一个创意，而这个创意有可能是一次失败的机会，那么，除了损失掉"金钱"以外，创业者还要承担巨大的机会成本，因为当创业者推进某个糟糕创意的时候，就意味着由此占用的资源和直接成本将不能被用于他处。这个概念不仅适用于创业者，也适用于创业企业的每一名员工。随着创业企业发展，你需要说服更多的人加入创业团队，而不是加入追求其他创业机会的公司。如果要让 38 位员工愿意和你长期奋斗，那么就必须让他们相信你的公司将为他们带来的投资回报要超过另一家公司。如果你的软件开发工程师在谷歌可以拿到 9 万美元的年薪，那么要吸引他进入创业企业，就必须让他相信他在这里度过的时间，能为他带来更多的财富。此外，他在决定是否加入你的创业企业时，还要考虑到概率——如果为谷歌工作，每年拿到 9 万美元年薪几乎是完全有保证的，但是要吸引他为你的创业公司工作，考虑创业失败的风险，就必须为其提供更高的收入。

2. 提升时间投资回报率

时间就是金钱。我们需要学习如何提升自己的时间投资回报率。要知道，即使已经确定某个商机，然而当全力以赴地在这个商机中努力时，我们一样面对各种各样的任务和选择的挑战，因此，我们需要提升自己的时间投资回报率。

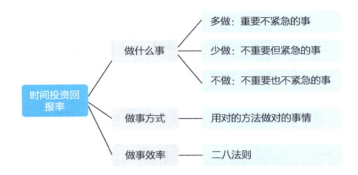

- **多做重要但不紧急的事情。** 因为这通常是有长期回报且毛利率高的事情，要将重要但不紧急的事情放在每日计划的最前面，记住一定要真正执行。
- **少做不重要但紧急的事情。** 这些事情没有长远的收益，但却很耗费精力。
- **不做不重要也不紧急的事情。** 要懂得主动拒绝毛利率为负的事情，只有当你知道自己不做什么时，才是做的开始。要知道，有的时候"不做什么"比"做什么"更困难。
- **用对的方法做对的事情。** 提高时间杠杆率，才能加大时间的投入产出回报。授权外包是最常用的方式，也就是利用别人的专业和专长来替自己省去体力和脑力，提高时间杠杆率。
- **二八法则做关键事情。** 把精力最好的时段投入到20%的关键任务中，在精力低谷时段处理80%非关键任务，也就是学会减少对那80%非创造性的常规任务的精力投入，增加对20%关键任务的精力投入。

 知识应用

现在你面临两个机会的选择，机会 A 和机会 B。开展机会 A 和机会 B 需要花费的直接成本都是 10 万元，然而，机会 A 需要开展 8 年，预估在第 8 年可以赚到 260 万元，机会 B 需要开展 3 年，预估在 3 年后可以赚到 60 万。这两个机会都是只有在结束期限到了时，才能一次性拿到赚到的钱。

课堂提问

1. 如果单从直接成本来考虑，你会选择哪个机会？为什么？
2. 如果从整体的机会成本考虑，你会选择哪个机会？为什么？
3. 有什么方法可以减少机会 A 需要耗费的时间，让你能够在更短的时间内赚到目标金额吗？

启 示

由于机会 A 和机会 B 需要花费的直接成本都是相同的，虽然机会 A 可以赚到 260 万元，但需要耗费 8 年的时间，而机会 B 虽然只能赚 60 万元，但是只需要耗费 3 年。以金钱回报率而言，机会 A 应更高。

但是如果选择机会 B 的话，用 3 年赚到 60 万元后，说不定在往后的 5 年会遇到更好的机会，赚到更多的钱。如果，选择机会 A，虽然 8 年内能赚 260 万元，但是这期间也许就没有办法选择更赚钱的机会，因此，如果把机会成本也纳入考虑的话，也许应选择机会 B。

可利用时间投资回报率的提升方法来减少机会 A 的耗费时间。

 拓展活动

任务名称	时间投资回报率提升活动
任务目标	让学生学会提升时间投资回报率
实施者	个人活动
活动步骤	1. 请从学习、生活、工作等几个维度，逐条列出你需要做和想要做的事情。 2. 运用"四象限法则"来规划你所罗列的事项。 3. 具体写下你这样罗列的原因及打算实施的办法。 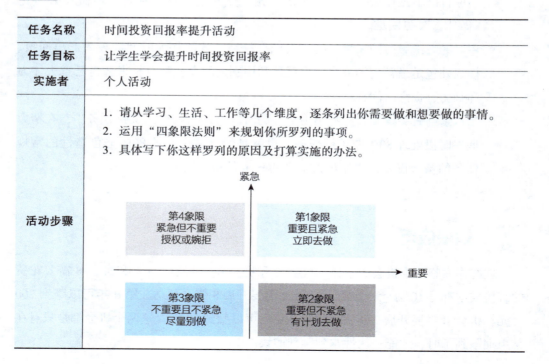

3.2 创业时，该内化的专业知识

3.2.1 初创企业的特点

课堂引入

韦伯万是美国生鲜杂货电商，细分市场是生鲜果蔬类，公司起步于1996年，试图切入在线生鲜杂货市场。韦伯万用的是我们现在非常时髦的O2O模式，用户在线上完成订购，而线下是一个大型仓库，围绕这个仓库有配送的队伍。

但是，韦伯万在看到第一个用户之前，做了一件非常疯狂的事情。

它花4000万美元在旧金山地区建了一个仓库，为旧金山全市区半径为60英里范围内的居民服务。它的目标是挑战传统的线下生鲜杂货巨头，用这个仓库以及它对应的配送系统，来全面覆盖旧金山地区的市民。这是1999年的仓库系统，但即使用今天的标准来看也是非常先进的，里边甚至用了机器人，韦伯万希望用机器人来代替所有人工的分拣，用机器人来实现全自动配送。

这个当时全世界最先进的仓库系统的建设成本之巨大可以通过以下两个基本数据来感受一下。

- 整个仓库系统的软件全部是内部开发的，花了大约1600万美元。
- 这个仓库里的电线就花了大约500万美元。

1999年5月，韦伯万仓库中心开始正式运行，6月接到了第一个订单，一个月之后它和一个大供应商签订了10亿美元的合约，准备和这个供应商在全美复制26个大型仓库，总金额大约是10亿美元，平均每个仓库的花费大约是3000万~4000万美元。1999年8月，韦伯万首次公开募股，即使是在互联网泡沫时期，这也是当时最大的IPO之一，高达4亿美元。韦伯万的估值曾经一度高达85亿美元，超过当时全美三大生鲜杂货零售商的市值总和。从1999

年8月到2001年7月,两年间韦伯万"烧掉"了12亿美元,最终以破产告终。有人做过统计,韦伯万从1999年6月接到第一个订单,到2001年7月的最后一个订单,每接一个订单就亏损大约130美元,同一个月份,韦伯万正式进入破产程序。在这之前的两周,韦伯万的创始人鲍德斯以6美分一股的价格清掉了4500万股,从中只拿回了大概270多万美元。

鲍德斯在创办韦伯万的时候,有投资人问他,"在你的愿景中,韦伯万是否会成为一个10亿美元的公司?"

鲍德斯回答:"我从来就没有考虑过这是一个10亿美元的公司,要么就赚100亿美元,要么就一分不剩。"

课堂提问

1. 回想创业的三个层次(以我为主,以产品为主,以用户为主),你觉得韦伯万是属于哪个层次?
2. 你认为初创企业应该基于哪个层次去进行创业?

启 示

这个极为先进的仓库系统最大的问题是什么呢?就是这个仓库的配送系统永远找不到需要它的用户。要知道,韦伯万是在看到第一个用户之前,就开始了一系列的疯狂行动。实际上,在1999年这个仓库投入使用之后,从来就没有达到过盈亏平衡点,始终也没有达到它所需要的订单数和用户数。

鲍德斯在疯狂地打造以自我和产品为中心的服务/产品,没有充分考虑当下市场和用户的真实需求,他认定只需要生产出完美、创新、有足够吸引力的产品/服务就会成功,因此,他会说:要么赚100亿美元,要么一分不剩。

然而,这次失败之后,鲍德斯并没有从中吸取教训。当时有一名记者采访他:"在韦伯万这种灾难性的失败之后,你认为有什么经验教训值得吸取?"

鲍德斯回答说:"我不认为我们做错了什么,做公司就像发射火箭一样。发射之前,你需要把可能想到、可能遇到的每一件事都想清楚,你不可能在火箭升空的过程中再去给它添加燃料。"鲍德斯是非常典型的"火箭发射式"思维模式。

韦伯万的破产,引发了整个硅谷对"火箭发射式创业思维"的反思。韦伯万被称为是美国互联网历史上,甚至是美国创业历史上最为灾难深重的一次失败,因为这次失败,不仅是个体公司的失败,而且在某种意义上来说,在线生鲜杂货行业的发展都因此滞后了 10 年。

美国的在线生鲜杂货行业从 1996 年就开始了，但由于韦伯万的失败，所有的风险投资都不敢再碰这个行业，直到 10 年之后，才开始有风险投资非常谨慎、缓慢地进入这个行业。风险投资行业也从韦伯万的失败中吸取了教训，并对"火箭发射式创业思维"做出了调整。

"火箭发射式的创业思维"从方法论的角度看，具有很多致命的缺陷。问题的核心在于它不是以用户为中心，而是以自我为中心的。它依赖于天才人物的天才设想，而在火箭发射式创业的过程中，创始人自以为"能够高度控制创业环境"，自以为"参数是有限的，数据是已知的"，自以为"可以对未来进行一个准确的分析和预测"。

但我们都知道，事实上这些都只是假象而已。

在"火箭发射式创业思维"中，用户需求/用户痛点被认为是已知的，可以完全准确地被把握，而且路径、解决方案是已知的，整个过程只是一个计划和执行计划的过程，需要做的无非就是调研、思考，然后执行，在执行过程中进行适当优化。

"火箭发射式创业思维"是一个非常线性的思维，它是基于商业计划的完美执行，强调的是两个完美：完美的计划和完美的执行。

对于初创企业来说，其最基本的前提应该是认为用户痛点和解决方案在本质上都是未知的，创业者不知道也无法完美地去预测用户痛点，更无法完美地去设计一个解决方案。

 知识探究

1. 以用户为中心的创业认知

以自我为中心、以产品为中心的创业，实际上是 20 世纪六七十年代大规模集成电路兴起到互联网蓬勃发展的硅谷的主流创业思维——迅速扩张（Get Big Fast），通常会出现下图所示的 3 个情况。而在商业实践中，它有低比例成功和高比例失败的缺陷，有高达 70% 以上的市场是属于第 3 种情况的——悄无声息地没有任何的市场回应。

然而，更多的企业在初创阶段，往往资源不足，无法迅速扩张，更没有资本和赌注可以等到最后一刻。因此，对于初创企业来说，在创业过程中，应该以用户为中心，利用有限的资源进行整合，进行持续的反馈、试错和验证，若把赌注全都投到最后按下按钮的那一刻,一切都已经太迟了。

2. 初创企业的实施路径

以自我和产品为中心的创业最基本的前提是认为用户痛点和解决方案都是已知的、可以准确把握的,因此认为创业是可度量、可预测和具备确定性的。然而这并不符合现实情况。现实是用户痛点和解决方案在本质上都是未知的,一切都是不可度量、不可预测和具备不确定性的。因此相应地,初创企业应该采取"以用户为中心的创业路径"。

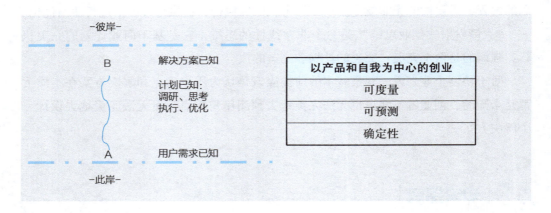

由于前提是用户需求已知,所以预想是解决方案已知,因此计划可以按照A点到B点进行调研、思考、执行和优化,如果初创企业将起点定为A点,基本构思是从A点到B点,有可能在中间会有大调整,在从A点到B点的过程中所获取的认知深化了对用户痛点和解决方案的理解,有可能会将目标转为C点,在到达C点后经过进一步迭代,对用户痛点和解决方案的理解又进一层,最终到达的可能是D点。

而D点无论是对用户痛点的理解还是提供的解决方案,都和原来假设的用户痛点和解决方案有非常大的偏差。就像扎克伯格的愿景本不是要创建社交网络,乔布斯也没有预见自己重新发明了电话。这个偏差是基于对用户痛点和解决方案的不断试错与迭代形成的,这个用户痛点和解决方案是对真实的用户痛点和有效的解决方案的不断逼近。这是以用户为中心的创业和以产品和自我为中心的创业最大的差异。

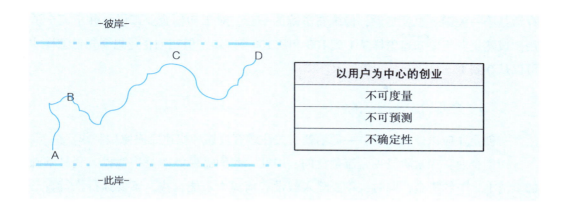

3. 初创企业的关注焦点

一般来说，企业会经历4个阶段：第Ⅰ阶段和第Ⅱ阶段是探索商业模式，第Ⅲ个阶段是放大商业模式，也就是说在这个点上商业模式基本确立，第Ⅳ个阶段是进入正常的运营状态。

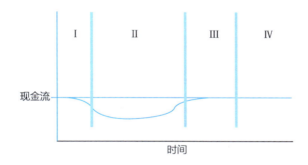

第Ⅰ阶段是商业模式的探索，这是发散式的探索，不确定性极高，可能会尝试多个方向，快速转向，不停试错。第Ⅱ阶段，仍然是探索阶段，但属于聚焦式的探索，已经初步确立了方向，有可能在两三个路径中选择商业模式。第Ⅲ阶段商业模式确立，进入放大阶段。第Ⅳ阶段是商业模式的正常执行。

传统商学院的聚焦点在哪里？80%集中在第Ⅲ和第Ⅳ阶段，针对的是商业模式确立的成熟企业。成熟的企业有足够的客户信息和足够的客户反馈，有明确的市场客户群体和客户需求，能够确保开发的是对已知市场现有客户富有吸引力的产品。然而，初创企业并非成熟企业的微缩版，初创企业并不具备足够的客户信息和客户反馈。

可以看到，第Ⅰ和第Ⅱ阶段的现金流是负的，因此，对于初创公司来说，如何能够快速迭代、在现金流耗尽之前确立商业模式非常重要，因为对初创公司而言，存活是第一关键。也就是说，传统商学院的一套，对于初创企业来说，并不完全适用。成熟企业想要知道怎样从 1 到 100 和从 100 到 110，但初创企业想要知道怎样才可以从 0 到 1。

4. 初创企业的应该遵循的原则

初创企业应该做到几点——低消耗、关注顾客反馈和快速完成原型制作。

初创企业在探索阶段现金流是负的，因此，我们需要做的是把钱投入到最基础的事情上，节约资金；同时，不要陷入假设和前提中不能自拔，不要强行推行自己的产品，而是要让顾客主动选择并接受，关注顾客的反馈；另外，还需要快速创造出顾客能够感受到的东西，也就是说所谓的最小可行产品，然后由顾客进行测试，汲取检验过程中得到的经验和教训，反复调整和改善原型，直到把最初简单笨拙的原型变成一个强大的解决方案为止。

因此，初创企业在应该遵循以下几个原则。

5. 初创企业的创业逻辑

在这个流程中，前两个步骤描述的是商业模式的"调查"阶段，后两个步骤描述的是经过开发、测试和验证之后的商业模式"执行"阶段，这些步骤分别具体如下。

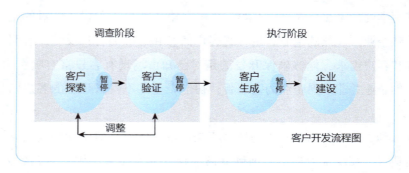

客户开发流程图

- 客户探索，就是把创始人的愿景转变成一系列商业模式假设，开发一套测试客户反应的方案，把上述假设转变成事实。
- 客户验证，这个步骤测试的是前一步骤得出的商业模式是否具备可重复性和可升级性。如果不具备，则返回客户探索步骤。
- 客户生成，这个步骤是执行阶段的起点，负责建立最终用户需求和导入销售渠道，实现企业扩张的目的。
- 企业建设，这个步骤标志着从初创企业到以执行已验证模式为标志的成熟企业的过渡。

图中有几个暂停轴转，轴转的关键在于快速、敏捷，以及把握时机。前面提到的新企业的生命周期分为4个阶段。第Ⅰ个阶段和第Ⅱ个阶段的现金流是负的，这就要求创业者要去积极探索，调整商业模式。另一方面，初创企业的现金流有限，必须在有限的时间内完成探索过程。很多初创企业的失败不是因为创业模式或者产品有问题，而是因为等不到最终能够完成商业模式验证的那一天。所以轴转的过程必须敏捷和快速，速度越快，对现金流的需求越小。

 知识应用

看过美剧的读者一定都知道，美剧往往都会先拍摄一部几十分钟的先导片，交代主要的人物关系，矛盾冲突和故事背景，然后邀请几十位观众参加小规模试映会，再根据观众的反馈来决定剧情将要进行哪些修改，是否需要调整演员以及决定是否投拍等。在每一季结束时，制作方又会根据收视率和观众意见，决定是砍掉该剧还是订购新一季的内容，这种周拍季播的模式，把所有的决策权都交给观众，让制作方的投资以及失败成本降到了最低。

课堂提问

你认为这是一种怎样的创业模式，尝试使用所学的知识点进行具体分析。

启　示

该创业模式是以用户中心的模式，可从实施路径、遵循原则和创业逻辑这几个方面进行具体的分析。

拓展活动

任务名称	蒂蒙斯的创业机会评价自检活动
任务目标	了解蒂蒙斯的创业机会评价标准
背景	蒂蒙斯的创业机会评价框架，涉及行业与市场、经济价值、收获条件、竞争优势、管理团队、致命缺陷、创业家的个人标准、理想与现实的战略性差异共8个方面的53项指标。通过定性或量化的方式，创业者可以利用这个体系模型对行业和市场问题、竞争优势、财务指标、管理团队和致命缺陷等做出判断，来评价一个创业项目或创业企业的投资价值和机会。具体见以下"蒂蒙斯机会评价表"。
行业与市场	1. 市场容易识别，可以带来持续收入 2. 顾客可以接受产品或服务，愿意为此付费 3. 产品的附加价值高 4. 产品对市场的影响力高 5. 将要开发的产品生命长久 6. 项目所在的行业是新兴行业，竞争不完善 7. 市场规模大，销售潜力达到 1000 万 ~ 10 亿元 8. 市场成长率在 30% ~ 50% 甚至更高 9. 现有厂商的生产能力几乎完全饱和 10. 在 5 年内能占据市场的领导地位，市场占有率达到 20% 以上 11. 拥有低成本的供货商，具有成本优势
经济价值	1. 达到盈亏平衡点所需要的时间在 1.5 ~ 2 年以下 2. 盈亏平衡点不会逐渐提高 3. 投资回报率在 25% 以上 4. 项目对资金的要求不是很大，能够获得融资 5. 销售额的年增长率高于 15% 6. 有良好的现金流量，能占到销售额的 20% ~ 30% 以上 7. 能获得持久的毛利，毛利率要达到 40% 以上 8. 能获得持久的税后利润，税后利润率要超过 10% 9. 资产集中程度低 10. 运营资金不多，需求量是逐渐增加的 11. 研究开发工作对资金的要求不高
收获条件	1. 项目带来的附加价值具有较高的战略意义 2. 存在现有的或可预料的退出方式 3. 资本市场环境有利，可以实现资本的流动

（续）

竞争优势	1. 固定成本和可变成本低 2. 对成本、价格和销售的控制较高 3. 已经获得或可以获得对专利所有权的保护 4. 竞争对手尚未觉醒，竞争较弱 5. 拥有专利或具有某种独占性 6. 拥有发展良好的网络关系，容易获得合同 7. 拥有杰出的关键人员和管理团队
管理团队	1. 创业者团队是一个优秀管理者的组合 2. 行业和技术经验达到了本行业内的最高水平 3. 管理团队的正直廉洁程度能达到最高水平 4. 管理团队知道自己缺乏哪方面的知识
致命缺陷	不存在任何致命缺陷
创业家的 个人标准	1. 个人目标与创业活动相符合 2. 创业家可以做到在有限的风险下实现成功 3. 创业家能接受薪水减少等损失 4. 创业家渴望进行创业这种生活方式，而不只是为了赚大钱 5. 创业家可以承受适当的风险 6. 创业家在压力下状态依然良好
理想与现实的 战略性差异	1. 理想与现实情况相吻合 2. 管理团队已经是最好的 3. 在客户服务管理方面有很好的服务理念 4. 所创办的事业顺应时代潮流 5. 所采取的技术具有突破性，不存在许多替代品或竞争对手 6. 具备灵活的适应能力，能快速地进行取舍 7. 始终在寻找新的机会 8. 定价与市场领先者几乎持平 9. 能够获得销售渠道，或已经拥有现成的网络 10. 能够允许失败

3.2.2 正确的创业思维

课堂引入　如下图：两个三角形可以合成一个正方形

课堂提问

那四个三角形可以变成什么？发挥你们的想象力。

启　示

这就是固有思维对我们的影响。人类从一出生就在每天的生活中不断地积累经验，在很多情况下，经验的积累可以帮助我们解决问题。但缺陷在于，每当问题一出现，我们往往都倾向于用固有的解决方法去解决问题。但事实上，答案可以有不同——同样的问题我们可以有不同的解决方法和方式。因此，我们要学会打破固有思维，培养不同的思维。当我们拥有不同的思维时，就有更多的渠道和方式去解决问题。

知识探究

1. 从价值中寻找新思维

（1）低价思维转向情感思维　事实上，价格越低不一定就会越受欢迎，以低价争取顾客不一定是明智的选择。首先，低价能否打开市场都是个问题，并不是越便宜的产品买的人就越多，现在消费者购物越来越理性了，对于便宜而没有实用意义的产品是不会轻易动心的。其次，低价往往会给人质量差、廉价的印象，虽然价格低、质量好的产品还是存在的，但是人们更愿意相信一分钱一分货的硬道理。

比如，现在面对的主要消费群体是移动互联网长大的"90后"。"90后"已经不仅仅关注低价格，在消费过程中，他们更看重的是产品或者服务给他们带来的感受，更看重产品本身所涵盖的意义或代表的层次。

（2）产品思维转向解决方案思维　与"用户为导向"的创业层次相对应的，现在的创业思维已经不再囿于打造出质量最好、最优异的产品，而是转向探寻顾客背后的真正需求，根据客户需求的不断改变而提供相应的迭代式解决方案。

如果还局限在花费大量的时间去思考产品设计方案、绘制原型图、学习各种产品设计方案，以打造最完美产品，这样的创业思维将会被淘汰。我们需要知道用户是谁，用户需求是什么，如何不断地满足用户需求，在满足的过程中不断地迭代改进产品，创造更多的用户价值。所以要想做出好的解决方案，前提是必须能够准确地定义问题。如果问题定义错了，或者偏差比较大，那么产品设计得再新颖，再有创意，也没有多大价值。

亨利·福特说过，如果我问用户他们需要什么，他们会告诉我说"我想要一匹更快的马"。如果你是产品经理在调研用户需求时用户跟你说"我想要一匹更快的马"，你怎么理解这句话呢？一种理解是用户想要的是马，但必须要能跑得更快。另一种理解是用户想要的是能够比现在的马更快的交通工具。由此可见，对问题的认识和理解的不同会直接影响产品的设计思路和方案。遇到这类问题时大多数人都习惯性地经过简单思考后认为用户想要的就是一匹马，然后就开始绞尽脑汁思考该怎样才能给用户提供一匹"更快的马"。按这种思维方式做事，很难产生创新性的想法，更可能的是做出一款没什么特色、没什么突破的产品，长远来看容易陷入同质化竞争和价格战。

(3）有偿思维转向免费思维　在克里斯·安德森（Chris Anderson）的《免费：商业的未来》一书中，为目前市面上流行的免费模式建立了四种模型，分别是直接交叉补贴、三方市场、免费加收费模式和非货币市场模式。

- 直接交叉补贴：例如，赠送手机，销售通话时间（许多电信运营商均采取这一模式），以及超市的买一赠一策略、商场的免费停车，这些都是直接交叉补贴的案例。

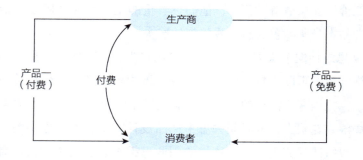

模式一：直接交叉补贴

- 三方市场：广告支持的媒体，看看我们手机微信上关注的公众号，大部分都是广告支持的媒体，它们赠送内容，销售的是接触观众的机会。

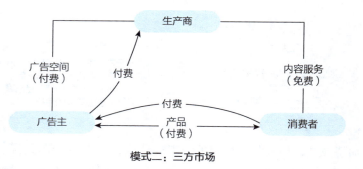

模式二：三方市场

- 免费加收费模式："差不多免费"和"零"之间存在着巨大的心理差距，一次微小的收费也会招致失败。互联网环境下，免费与否往往会造成广阔市场与空无市场之间的巨大差异。以电子邮箱为例，收费邮箱断送了263，免费邮箱推动了163和yahoo当时的扩展；2002年腾讯的收费注册催生了随后IM市场群雄逐鹿的局面，随后被迫重新免费；淘宝的全面免费迅速挤占了易趣的市场份额。

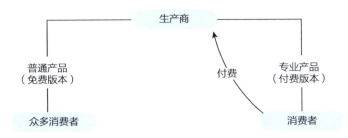

模式三：免费加收费模式

- 非货币市场模式：为别人提供服务或者产品，不一定是为了获得金钱回报，关注度、声誉、与人分享的快乐等回报都是人们免费服务他人的动力所在。比如，知乎就是很典型的"非货币市场"。用户在网上发表自己对各种生活现象和社会问题的见解、分享自己的知识，为的不是金钱，图的只是表达欲望被满足后的痛快，和那种与人分享知识所获得的快乐而已。有时候，我们享用商家提供的免费商品，无意之间也会为商家带来一些有价值的信息回报。譬如，我们免费使用百度搜索、Google 搜索引擎的时候，能够提高它们精准定位广告的系统预算法则。简单地说，我们免费使用的搜索越多，搜索引擎向我们推送的广告就会越精准，搜索公司通过广告获得的收入就会越多。

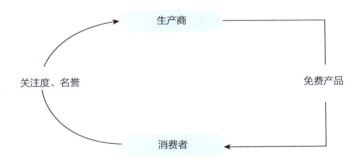

模式四：非货币市场模式

 知识应用

婚礼定制、旅行定制等在这些年来越来越受市场的欢迎。高端玫瑰及珠宝品牌 Roseonly 以价格昂贵著称，它宣称只能将花送给一个你注册的特定对象。Roseonly 一推出就广受欢迎，分析认为：Roseonly 卖的不是花，是承诺。卖的不是玫瑰，是唯一。Roseonly 虽然已经宣告失败，但其失败的原因在于内部团队的架构，其定位、产品和服务的思维到现在还是值得借鉴。

课堂提问

1. 该案例体现了从哪种思维到哪种思维的改变？你还能想到哪些所熟知的例子？
2. 你认为婚礼定制、旅行定制等创业背后是基于什么创业思维？

启 示

Roseonly 跟求婚钻戒品牌 DR 基本属于同一个路数——一生只为一人打造，低廉的价格从来不是他们的关注点，产品和服务本身所蕴含的情感意义甚至所定位的高价格使得其产品更能击中客户的送礼需求——突出礼品的高价值和独一无二。

婚礼定制和旅行定制等创业都基于解决方案思维，但要注意的是，产品思维也重要，因为要提供高质量的服务和产品，前提必须要准确定位客户的需求，同时要随着客户不断改变的需求而不断迭代自己的服务和产品。

拓展活动

任务名称	你怎么看零利润模式
任务目标	让学生运用批判性思维想问题
实施者	个人活动
活动步骤	请阅读以下内容，并写下你的感想。 20 世纪 90 年代全世界都学习"戴尔模式"。它备受推崇的能力就是"快"！同样的，"快"也被奉为互联网思维的金科玉律。 除了内部流程改造，戴尔的"快"是以转嫁成本到供应商那儿为实际做法。戴尔的零库存建立在供应商替他承担库存的设计模式上。那时，这种模式暂时为全行业的第一和唯一。当惠普、联想开始模仿它的供应链模式的时候，超额利润消失，产业回归动态的竞争均衡状态。戴尔也只能回归到关注提升电脑技术，但他在技术上已远远落后于联想等品牌了。这说明，转嫁成本的模式只能有短暂的生命周期。 为了"快"，今天"互联网思维"中的推销员到处宣扬"零利润模式""产业链延伸模式""羊毛出在猪身上由狗买单模式"，这些都没有走出转嫁成本的老路，还因为无视转嫁过程中的剥削和增加的社会成本，违背了现代商业伦理和企业社会责任。 芝加哥大学的列维特（S. Levitt）很好奇城中贩毒的人为何啃老，好莱坞的演员为何住地下室？他和《纽约时报》的都伯纳（S. Dubner）调查发现了"怪诞经济现象"（Freaknomics）。看上去光鲜的帮派生活和演员圈其实存在一个极其不平等

(续)

活动步骤	的金字塔结构,只有少于1%的人或企业享受"怪诞行业"的最大利润,其他底层的角色都生活在社会平均水平之下,为何金字塔能不倒?因为每个底层的角色都自以为可以成为塔尖人物,而怪诞行业的秘密就是维持这样的幻觉。看看今天中国电子商务的实际情况,我们不难发现,不经意间,"互联网思维"鼓吹的就是这样一个迷幻的怪诞行业。 　　马克思说,劳动是人的第一需要,人通过劳动认识和完善自己,现在一个个为社会提供有价值产品的体面企业,却被洗脑去实现零利润生产,被鼓励转嫁成本给下家,这是一种什么样的经济?这是一个违反劳动者劳动尊严的反人类的怪诞经济!没有公平利润分配的产业链和商业生态对社会会有怎样的影响?(来源:鲍勇剑《策略在反面》)

第 4 章　从商机"蜜罐区"中确定创业方向

| 课堂引入 | 知识探究 | 知识应用 | 拓展活动 |

 本章导读

在确定商机的大方向之前，我们需要从各个方向进行调研和探索。从外部，除了了解客户的价值取向外，我们还要探寻经济、社会及技术等方面的发展趋势；向内，我们要问问自己的创业价值取向，以及思考自身所具备、可利用的各类资源。在我们从外到内的探寻之后，脑海中一定满是点子和想法，然而，我们该怎么让我们个人的想法和点子得到更有效的激荡，面对脑力激荡产出的众多想法和点子，我们又该采取什么方法和手段去确定真正可行或有效的创业方向呢？

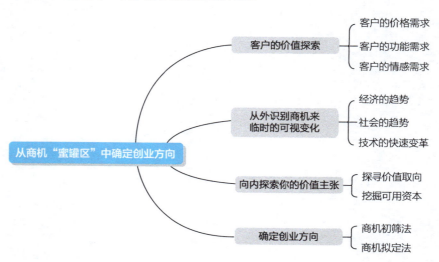

4.1 客户的价值探索

4.1.1 客户的价格需求

| 课堂引入 |

课堂提问

很多商家都会推出优惠券、购物券之类的促销活动,你怎么看待商家们的这些做法?对于我们创业者来说,应该怎么定位产品或服务的价格呢?

启　示

商家促销活动,最主要的目的是吸引顾客进店消费。价格的定位决定了企业的定位和客户目标的定位。所定位的价格必须对应企业的定位,也必须是在保障产品和服务价值不变的前提下进行的。

 | 知识探究 |

以下四个需求是现今消费者在消费过程中对价格方面的新需求。总的来说,就是消费者越来越理性,希望以更低或者最低的价格享受更好或最好的服务或产品。所以,创业者在适应消费者需求的同时,应灵活地采取解决方案满足他们的需求。

价格从高到低
在功能和性能不变的情况下,价格一定会呈下降的走势,企业需要考虑如何提升效率,减少浪费来取得价格上的竞争优势。

租赁而非购买
市场上现在出现了很多租赁形式的服务。客户对于享受服务/产品的取向已经改变了,认为只需要使用,而不必拥有,如租车公司、婚纱店的礼服租赁服务等。

会员费而非服务费
相较于收取单次的服务费用,现在更多的顾客倾向于享受会员可享受的优惠价格。除了源于他们对品牌的认同,还包括对设施、服务以及延展性产品的认同,比如,美容院及健身房都为会员提供更优惠的单次价格从而吸引顾客成为会员。

零散而非整体
客户越来越理性,体现在只愿意为自己享受到的部分付费,就像iTunes所提供的产品服务,客户只为单曲而非整张专辑付费。

知识应用

预付费会员卡就是消费者把一定金额当成预消费交给了商家,虽然每人存进去的钱不多,却起到了激活整个现金流的作用。

以美容美发店为例,一家 50 平方米的美容店除店租外,从装修到采购设备,一般投入不会超过 20 万元,从开始装修到开业不超过 1 个半月,而如今一张普通的会员卡一般都需要预付 1000 元以上的金额,多的可能要 5000 元甚至上万元。以此计算,只要在开店之初,能够成功吸引到 150 名左右的会员,就可以顺利收回整个店铺的成本。

同时,办理会员卡的顾客还将成为稳定的客源,这意味着整个现金流的周期缩短到了两个月左右。而对于商家来说就等于真金白银,不但节省了利息,还可以用预付费会员卡的收入来支付工人工资、房租等各类费用,甚至投资开设新店。

"很多人经常好奇,为什么一个理发店能在短短一两年时间里在北京开设 100 家甚至 200 家的连锁店,其实秘密就在于会员卡。"北京商业经济学会秘书长赖阳透露,在不少消费者心里,办预付费会员卡只是少数人,但实际上在预付费会员卡的"折扣"吸引下,这部分会员一般会占到总客源人数比例的 6 成以上,在美容美发行业可能达到 8 成甚至更高。

往往通过会员卡,一个门店开业之初不但能赚回此前的投入,还能获得数额不小的"预付营业额",而随着这些钱再次投入新店建设,商家还会再次获得新的、更多的"预付营业额",像滚雪球一样越滚越大。

除此之外,余额利润也是一个商家不愿多谈的小秘密。多数预付费会员卡,消费者最终很难在一定时限内将其全部消费掉,多数情况会留下或多或少的余额,这些也都是商家"白落下的"。另外,由于服务价格由商家说了算,并不断上涨,因而消费者所持有的会员卡优惠实际上是处于递减之中,卡的额度越大,递减的过程就越长,虽然消费者办理会员卡还是会享受到一定的优惠,但实际上并不能获得所有优惠。

课堂提问

会员卡的背后是如此的玩味,作为创业者,在掌握会员制背后的资金流秘密的同时,你该如何看待和利用顾客的价格需求来吸引顾客?

启　示

从商业模式上讲,预付费会员卡对于消费者和商家是"双赢",商家锁定了盈利、稳定了客源，又缩短了资金流转周期，消费者也得到了一定实惠。顾客看重的不仅是与单次相比的优惠价格，还有对该品牌的认同。因此，企业想要发展，必须要有长远的目标，要保持顾客值得信赖和看重的价值水准。

拓展活动

任务名称	成为租车公司 CEO
任务目标	让学生进一步了解客户的价格需求
实施者	个人活动
活动步骤	你打算开一家租车公司，请结合顾客的价格需求来对你公司的服务类型和内容进行定位

4.1.2 客户的功能需求

在新冠肺炎肆虐的几个月里，深圳市内多数家庭选择天虹到家、每日优鲜、盒马鲜生等生鲜零售电商平台为家庭补充每日生活所需。而这个经历也直接影响了人们的消费习惯，大家逐渐接受类似的购买方式。

课堂提问

回想你所使用的多种电商平台，对比一下，你会因为看重哪些功能而忠诚选择某个固定的电商平台进行购物。

启　示

特色、易用性、安全性等应该都是我们需要关注的功能价值。

 知识探究

消费者对功能的新需求如下：
- 性能：产品性能包括性质和功能，性能是指产品在一定条件下，实现预定目的或者规定用途的能力，任何产品都具有其特定的使用目的或者用途。
- 特色：能满足客户需求但超过基本价值的需求，或者是和竞争产品或服务相比之下的特点。
- 交付性：交付通常有两种形式，有形的和无形的。其中及时是最被看重的。
- 易用性：顾客能否既快又容易地安装、学习和使用产品？
- 维护性：产品是否方便和容易维修，或对消耗部件的花费比较低。
- 可靠性：元件、产品、系统在一定时间内、在一定条件下无故障地执行指定功能的能力或可能性。可通过可靠度、失效率、平均无故障间隔等来评价产品的可靠性。
- 安全性：对顾客信息的安全性保障，风控的能力。

 知识应用

超级猩猩成立于 2014 年 6 月，开创了集装箱式 24 小时无人自助健身舱模式的新兴健身房。

超级猩猩产品包括旗下的团体课工作室以及多元化团体课程。团体课工作室包含全能店、单车店、动静店、体能店等，面积在 100～300 平方米之间，用户购买后获得入场密码，参与体验课程；多元化团体课程包括引入的 LESMILLS、ZUMBA，以及自主研发的 Fighting Club 搏击俱乐部课程、UPPER SHAPER 胸背塑造课程、BUTT SHAPER 翘臀塑造课程、THE BLOOMING 肩颈释放等课程，以满足消费者瘦身塑型、运动表现提升、亚健康改善等需求。

超级猩猩采用零售制的模式售卖健身课程，不办年卡，按次付费，没有推销，让用户有了更加自由的选择空间。

课堂提问

请利用所学知识具体分析超级猩猩成功的原因。

启　示

从性能、特色、交付性、易用性、维护性、可靠性和安全性对超级猩猩进行分析，特别是特色功能，与一般的健身室相比，超级猩猩独具特色，并以此吸引客户。

拓展活动

任务名称	体验超级猩猩
任务目标	进一步掌握客户的功能需求
实施者	个人活动
活动步骤	通过免费下载"超级猩猩"APP，进一步了解其功能特色

4.1.3　客户的情感需求

课堂引入

现在，针对新手爸妈这一消费人群，在市面上出现了很多集教育、娱乐、科学与健身为一体的家庭寓乐早教中心。这些早教中心通常将快乐教育体系与游乐设施相结合，目的是满足儿童对健康、快乐、智慧和梦想的需求。

具体来说，在早教中心，会有提供家长和孩子共同成长的综合性教研平台中心，为会员家庭提供早期教育下的课程体系、游戏体系以及父母俱乐部、家长论坛等服务体系。还有专业的资深育儿专家及成长顾问进行耐心指导，宣传时美其名曰"家庭的延伸，父母的课堂，孩子的第二个家庭成长空间"。

这些早教中心主要是向新手爸妈售卖课程套餐。要享受早教中心的设施、产品和服务必须要加入会员，而加入会员就得通过购买其课程套餐才能进入，通常会有不同侧重和特色的多个课程套餐供消费者选购。就目前市面而言，定位较低的早教中心，最低价格的套餐大概是1万元左右的30节课程包；定位较高的早教中心，其最低的套餐会达到4万元30节课程包。

课堂提问

你认为选择成为早教中心会员的家庭，是什么情感需求导致他们的加入？

启 示

人群分类、舆论导向、流行导向、权威认同、人际情感及乐趣的享受等都可以作为分析点。

 知识探究

情感价值是指通过产品的提供使顾客产生愉悦等积极情感，从而使顾客觉得从产品中获得了那部分价值。因此，可以通过探索客户看中的情感价值进行商机的探索。情感价值链是指营销各环节运用情感因素创造价值的过程。

- 人群归属感：顾客对某个服务或产品的选择，很多情况下是基于寻找志同道合者的初心，他们相信选择同类产品或服务的人是拥有相同价值观的同类。
- 舆论和流行认同感：这是指在进行新尝试的时候，人们因为舆论的导向或流行的导向而开展的行为。
- 权威认同感：通常某些行业或产品的龙头老大，都具有权威性；或者，产品或服务是得到某位权威人士公开认可的或宣传的。
- 惊喜和乐趣：这是情感价值中最难得的体现，产品或服务的很大部分的成功是因其能够让顾客在使用或享受的过程中得到这种价值体验。

 知识应用

从来不打广告的开市客（COSTCO），靠会员费就撑起了这家公司一年超过31亿美元的利润。对绝大多数企业来说，既然打开门做生意，当然欢迎所有消费者前来购物，会员只是附加服务，用来进一步维系顾客忠诚度。但来到开市客这里，如果不是会员，可能连超市门都进不了。

为了让顾客乖乖掏钱包，开市客瞄准了中产阶级。他们有明显的家庭消费行为，偏好"囤货",同时对生活品质有一定的讲究。虽然这群中产有较高的消费能力,对会员费没有那么抵触和敏感,但要说服他们来买便宜货也不是一件容易事。在美剧《摩登家庭》其中一集中就对这种现象描绘得淋漓尽致:一开始,身为律师的米奇(Mitch)很嫌弃开市客,甚至不愿意走进去,频频翻白眼。直到发现这家超市居然一边卖婴儿奶粉,一边卖棺材,忍不住惊呼"这里有你从出生到死亡所需要的一切",买到不想离开。

课堂提问

这个案例体现了什么情感需求?

启　示

营销大神菲利普·科特勒在《营销革命4.0:从传统到数字》中提到过,在注意力缺失和信息碎片化的时代,品牌需要为消费者创造"惊叹时刻(Wow Moment)"。开市客虽然占了"低价"的优势,但也很容易被贴上低端、不时尚的标签。不过1kg的薯片、超大的玩偶,Prada、LOEWE包包,甚至钻石……每一个商品都成了惊讶的理由。对于一些太热门的商品,开市客甚至还要藏起来卖,以便让更多顾客买到。

这就是开市客为消费者创造的惊叹时刻。打破脚本的惊喜感,让消费者像上瘾一样,不断前来寻宝。

拓展活动

任务名称	感受开市客的营销秘密
任务目标	启发学生商机定位
实施者	个人活动
活动步骤	阅读以下内容,并写下你的感想: 开市客要入华的消息,每隔一段时间就会被拿出来讨论一遍。直到官方终于放出狠话,将会于2019年在上海开出第一家开市客。 这个大型零售超商以便宜著称,所有商品的毛利率不超过14%,一旦超过了这条标准线就需要向CEO汇报,并经由董事会批准。 听起来就是一副"有钱也不想赚"的高傲姿态。不过事实证明,商品低价出售没赚到的钱,都在"会员费"中赚回来了: 开市客2018财年全年商品销售营收为1384.34亿美元,占总体营收的97.78%,会员费营收为31.42亿美元,占总体营收的2.22%;最终归属于开市客的净利润为31.34亿美元,略低于会员费营收。

（续）

活动步骤	除了低价，开市客到底还有哪些营销秘密？ **1. 加码消费者的"背叛成本"** 作为一家超商，开市客并不满足于日用快消品的畅销，早就把触手伸向了会员们的其他消费场景。 由于开市客的店大部分都开在郊区，消费者需要自行驱车前往，大老远跑过来想顺便加个油，开市客旁边就有加油站，油价还比市区便宜。有家庭出游、度假的需求，开市客有自己的旅游网站，给会员提供优惠。另外，开市客还提供轮胎维修、体检、视力检查、照片冲洗、保险等等附加服务，这里还是全美最大的汽车经销商，卖车就像卖水一样，全能程度简直让其他超商看了想"打人"，关键是还比较便宜。一个中产家庭可能面临的消费痛点，都被开市客安排得明明白白的，当然，这一切仅对会员开放。如果你是开市客的黑卡会员，还有返现功能，每年最多能返现 1000 美金，牢牢圈住了精打细算的家庭主妇们。而人一旦对某种行为路径形成惯性，就会对其产生依赖。在经济学上有一个"转换成本"的概念，指的是消费者从一个产品或服务的供应商转向另一个供应商所产生的一次成本。这种成本不仅是经济上的，也是时间、精力和情感上的，它是构成企业竞争壁垒的重要因素。 当开市客遍布了你生活中的方方面面，不仅增加了权益含金量，也让这张会员卡牵一发而动全身。等到下一年要续费的时候，背叛开市客的代价就是要承担生活中一系列的转换成本。大众面对已经习惯了的事物，往往不愿意做出变化，这就不难怪开市客的会员续费率为什么可以达到惊人的 88%。 **2. 不成文的"黑名单"** 目前，全球有 8800 万开市客的会员。他们每年都会向开市客贡献一笔稳定且可观的盈利，但开市客面对会员也有很"刚"的一面。 虽然对外一直声称自己没有黑名单，但江湖上却有不少关于开市客黑名单的故事流传着。 例如前几年加拿大的开市客门店，遇到中国大妈抢购雅顿胶囊，不到 3 分钟搬空一整个货柜，场面一度混乱，引起其他顾客不满。后来被传这几位大妈已经被加到了黑名单上，直到官方出来辟谣才让消费者继续安心地买买买。 还有由于将会员卡出借给朋友使用，以至于每次结账总是遇到困难，不仅需要多级审批，还差点被取消下一年的入会资格。 开市客的退货规则一向比较宽松，一言不合就给你退货。但曾经有个会员把买了 8 年的打印机拿回去退货，理由是之前一直没时间，8 年后的今日终于腾出空来处理了。最后怎样？开市客不仅把这个会员当年买打印机和墨盒的钱退了，而且连会员费也一起退了，意思就是，你想续费我也不让你当会员了，既气人又让人挑不出毛病。 这种不成文的"黑名单"制度简直让消费者闻风丧胆，想来开市客买便宜货，就只能顺着开市客的规则走。这种面对不友好的购物行为绝不手软的态度，会流失一小部分"想钻空子"的客户，同时也筛选出更多优质、真诚的顾客。

4.2 从外识别商机来临时的可视变化

4.2.1 经济的趋势

课堂引入

有一天,一位天神突然降临到你的面前,并递给你一块宝石,他跟你说:"这块宝石具备神秘力量;你只需要手握着它,就可以变成你心中想到的物件,但是机会只有一次。好好把握吧!"

现在有机会让你将这块宝石变成世界上任何你可以想到的物件,但要求是,你得到该物件后需要将它卖掉。

课堂提问

1. 你想将宝石变成什么?
2. 你会将宝石变成的物件卖给谁?

启　示

在前面的章节中,我们一直强调"资源管理""资源配置"对于初创企业的重要性,因为初创企业最缺的就是资源,无论是时间还是金钱,因此,能否有效利用已有的有限资源产出 1 + 1 > 2 的效用,对初创企业尤为关键。同样地,无论是个体,还是社会,每天都是在进行选择和权衡的过程,为什么呢?因为资源是稀缺的。这就是经济学能够存在的基础。经济学就是在研究如何优化资源配置,从而最大化人们的幸福。具体资源配置涉及两个方面:一方面,有限的资源(劳动力、土地等)如何分配于制造不同的产品(造房子还是做衣服,具体怎么做);另一个方面,这些产品生产完毕后,怎样决定分配给谁来消费。

知识探究

经济的运行形式,即是有关创造物质(财富)与分配财富的过程,又可以理解为做蛋糕和分蛋糕的过程。而在市场经济下分蛋糕,则会出现有些人有盈余,有些人则不足(需求不足)的情况。因此,这里将经济从"空间维度"进行理解,即是资本的累积性。

在有效需求不足的基础上，通过逻辑推理，最后提出了政府在应对经济危机之时，应该采取灵活、扩张的财政政策和货币政策，应该让经济回到"时间维度"之中。

也就是经济应该同时处在"空间"和"时间"两个维度之中，就像想要认识一个人，我们不能从传统的认识的维度只去看这个人当下的状态，根据凯恩斯的方法，应该要看这个人的过去、现在和未来。

所以，我们应该采取紧缩或扩张的财政政策、货币政策，应该采取贸易保护或者贸易自由措施，不能仅仅看到当下，还应该看历史和未来。

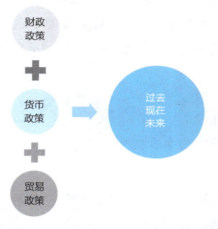

- **财政政策**：增发货币能够增加经济活跃度，但却会带来通货膨胀。所以，国家在不增发货币的情况下，可以运用一些财政补助降低通胀。如国家给予一些财政补助，降低税负，让企业加大投资、生产。
- **货币政策**：货币政策一般是由央行执行，比如增发货币，降低利率，降低存款准备金，往下会影响到银行、金融机构。
- **贸易政策**：即贸易保护主义政策。其主要目的是保护本土产业免受外国产业的不正当竞争。常见的贸易保护主义政策工具主要有四种：关税、补贴、配额和货币操纵。

 知识应用

让我们一起具体探究以下四种贸易保护主义政策工具。

- **对进口商品征收关税**：这是最常见的贸易保护主义策略，是对进口商品征收关税。这提高了国外进口商品的价格，降低了国外商品相对本土商品的竞争优势。此方法在进口规模较大的国家或地区会十分有效。
- **政府补贴本国产业**：政府还会补贴本国产业，以保证它们在全球市场竞争中保持优势地位。这种政府补贴主要有两种手段：税收减免或直接支付。这种补贴可以使生产者降低商品和服务的价格。有时候，补贴甚至比关税效果更好。这种方法最适合依赖于出口的国家。但是有时补贴可能会产生相反的效果。过分的补贴往往会造成生产过剩。
- **实行进口商品配额**：该方法往往比前两种方法更有效。即不管进口商品在出口时拿了多少补贴、价格如何便宜，这些商品的进口数量都无法超越配额的限制。
- **国家故意降低其货币价值**：即一个国家故意降低其货币的价值，使其出口的商品更便宜、更具竞争力。有一种可以达到这种效果的方法，就是不断增加政府债务；譬如，美国政府常常因为增加政府债务这一行为而备受别国批评，因为这会导致美元贬值。

总体来说，很多贸易保护主义措施是基于政治动机而驱动的。

课堂提问
1. 你认为，贸易保护主义好还是不好？
2. 尝试分析一下贸易保护主义的优缺点。

启 示
贸易保护主义的优点：如果一个国家试图在某一新产业中发展壮大，关税可以保护它免受外国竞争对手的侵害。这给了新兴产业的公司发挥其竞争优势的机会。贸易保护主义还会在短时间内为工人创造就业机会。关税、补贴或配额等措施鼓励公司在国内雇佣更多的工人。但是，一旦其他国家建立起自己的贸易保护主义政策进行报复，这种利益就会终止。

贸易保护主义的缺点：从长远来看，贸易保护主义会对行业带来负面影响。如果没有充分的竞争，行业内的公司就不再有创新的动力。最终，产品与服务的质量将会下降、价格也将比国外竞争对手的产品更高。贸易保护主义也会最终降低本国的产业在国际贸易中的竞争力。

总结来说，在短期内，它会对经济起到一定的促进作用；但是从长期来看，它对经济是有害的。

拓展活动

任务名称	调研中国近 40 年以来的经济发展历程
任务目标	让学生了解中国经济的过去、现在，并预测未来
实施者	个人活动
活动步骤	1. 调研中国近 40 年以来的经济发展历程 2. 写成约 1500 字的调研报告

4.2.2 社会的趋势

 课堂引入

中国人口出生率（1979—2018）

年份	出生率	年份	出生率	年份	出生率	年份	出生率
1979	17.82‰	1989	21.58‰	1999	14.64‰	2009	11.95‰
1980	18.21‰	1990	21.06‰	2000	14.03‰	2010	11.90‰
1981	20.91‰	1991	19.68‰	2001	13.38‰	2011	11.93‰
1982	22.28‰	1992	18.24‰	2002	12.86‰	2012	12.10‰
1983	20.19‰	1993	18.09‰	2003	12.41‰	2013	12.08‰
1984	19.90‰	1994	17.70‰	2004	12.29‰	2014	12.37‰
1985	21.04‰	1995	17.12‰	2005	12.40‰	2015	12.07‰
1986	22.43‰	1996	16.98‰	2006	12.09‰	2016	12.95‰
1987	23.33‰	1997	16.57‰	2007	12.10‰	2017	12.43‰
1988	22.37‰	1998	15.64‰	2008	12.14‰	2018	10.94‰

课堂提问

看到以上的中国人口出生率数据，你有什么感想？

启　示

从过去 40 年的生育率统计可以看出，从 1987 年到达高点之后，我国的生育率就在不断的走低。截至 2019 年，我国的生育率在全球 200 多个国家和地区中排名 180 位，比我们普遍认为低生育的国家，比如日本（171），德国（173），法国（119），美国（127）都要低。

结合育龄妇女基数和生育意愿两个因素，我们可以得出一个结论：未来新生儿将进一步减少。除非发生重大政策变化，逆转人们的生育意愿，否则新生儿数量将成不可逆的单边下跌。说完新生人口，再说说老年人口。截至 2019 年，我国 60 岁以上的人口数量超过 2.5 亿人。如果我们把 60 岁以上的人定义为老龄化人口，那么未来 20 年，将达到 60 岁以上的人（即 1960 到 1980 年出生的人），将有 4.71 亿人。假设我们的人均寿命在未来 20 年提升到 80 岁（现在 76 岁），那么老龄化人口的净增加值接近 2.2 亿。换句话说：老年人口将大量增多。再看一看 2040 年时，50 到 60 岁的人群数量（1980 年到 1990 年出生的人），有 2.27 亿人。两者相加将超过 8 亿人，这是个什么概念？也就是说 20 年后，中老年及老年人口将超过我们整个社会的一半，相当于你走到街上，看到的基本都是 50 岁以上的人。我国将会成为一个严重的老龄化国家，和今天的日本几乎一模一样。

人口老龄化，这就是我们未来 20 年将要发生的最根本的社会变化。从一个社会整体的角度来看，实际上，引起变化的根本是人。也就是说，当人口的结构发生变化的时候，整个社会也会随之变化。

 知识探究

人口老龄化将会在近 20 年或更长的一段时间内影响整个社会。

- 社会抚养比急剧上升——老人们要出来工作，而无法待在家里养老。他们每月领的养老金不足，必须得靠工作挣钱来补贴生活。
- 消费结构变化——对年轻消费群体依赖比较重的行业会出现大幅度的萎缩，同时，在一些对老年人依赖比较重的行业会迎来突破性发展，比如医疗保健。
- 养老问题：由于老人需要有一定的钱，来解决自己的生活及医疗保健消费，所以财富管理日益被重视；老人的心理及情感需求，需要被考虑；充足的医疗资源，要能够得到保障。

长期
• 社会抚养比上升
• 消费结构
• 养老问题

中国针对国民经济和社会发展而进行的每五年一次规划，对社会产生中、短期影响。

- 十二五规划：在 2010 年开始十二五规划，所设定的针对经济发展、科技教育、资源环境和人民生活的 24 个指标，在 2015 年实

中短期
• 十二五规划
• 十三五规划
• 十四五规划
• 十五五规划
• …

现了 23 个，因此，对于中国国内而言，针对国民经济和社会发展而进行的每五年一次规划对整个社会发展具有指导性意义。

- 十三五规划：国家对科研的投入增加；国家支持第三产业；养老已经成为国家层面的问题。

联合国 17 个可持续发展目标包括：

- 消除世界各地一切形式的贫穷。
- 消除饥饿，实现粮食安全，改善营养和促进可持续农业。

全球趋势

- 联合国提出的17个可持续发展目标，是一系列新的发展目标，将会指导2015年直到2030年全球发展工作的目标。

- 让不同年龄段的所有的人过上健康的生活，提高他们的福祉。
- 提供包容和公平的优质教育，让全民终身享有学习机会。
- 实现性别平等，保障所有妇女和女孩的权利。
- 为所有人提供水和环境卫生并对其进行可持续管理。
- 每个人都能获得价廉、可靠和可持续的现代化能源。
- 促进持久、包容性和可持续经济增长，促进充分的生产性就业，促进人人有体面工作。
- 建造有抵御灾害能力的基础设施，促进具有包容性的可持续工业化，推动创新。
- 减少国家内部和国家之间的不平等。
- 建设包容、安全、有抵御灾害能力的可持续城市和人类社区。
- 采用可持续的消费和生产模式。
- 采取紧急行动应对气候变化及其影响。
- 养护和可持续利用海洋和海洋资源以促进可持续发展。
- 保护、恢复和促进可持续利用陆地生态系统，可持续地管理森林，防治荒漠化，制止和扭转土地退化，提高生物多样性。
- 创建和平和包容的社会以促进可持续发展，让所有人都能诉诸司法，在各级建立有效、负责和包容的机构。
- 加强执行手段，恢复可持续发展全球伙伴关系的活力。

 知识应用

企业在"十四五"发展过程中可以考虑把握以下几点：关注智能经济、绿色经济、生物经济、海洋经济和数字经济。

企业的产品和服务模式着重思考服务化转变、品牌化转变和个性化转变这三个转变，以满足市场对创新性、定制化和品质化的要求。

课堂提问

1. 如果这是十四五规划的实际指标的话，将如何影响中国国民经济和社会发展？属于短期、中期还是长期？
2. 这些规划对你有什么启发？

启 示

思考创业的中、短期规划，结合考虑人口结构影响的长期规划。

拓展活动

任务名称	社会趋势调研
任务目标	让学生了解中国及世界的社会发展趋势
实施者	个人活动
活动步骤	学习"十三五规划"，并从中思考创业的可行方向

4.2.3 技术的快速变革

课堂引入

下图是之前课程涉及的内容，引导我们从"潜在机会"中甄别"商机"的直接资源和间接资源。

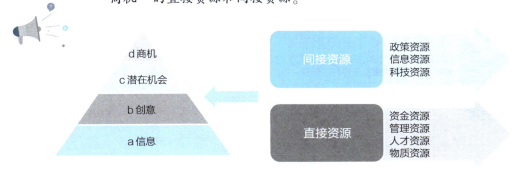

课堂提问

你能说出科技资源的重要性吗？

启 示

科技资源决定了商机的可行性。科技的发展程度，决定了技术的可行性，我们的点子也好、创意也好，都没有办法脱离科学技术水平的限制而存在。脱离科学技术水平的点子，只能算作天方夜谭。

 知识探究

有人说，最新的科技，首先它出现的地方是在创新者的脑子里，接着，它会出现在创新者的线下圈子里，然后它会出现在创新者的线下聚会里，后来，它出现在最火的线上科技社区里，再后来它出现在最新的出版物里，最后，它才出现在大众的眼前。但是，我们仍然可以在目前最新的科技发展中发现以下规律。

连接规律	互联网接驳设备的进化不断延长大脑与互联网的连接时间，同时互联网使用者的心理也会对这种连接产生依赖性；连接设备从服务器到台式机到笔记本到智能手机到智能眼镜，最后是脑机接口。
加速规律	在互联网进化的过程中，其软件和硬件设备都会不断增加其连接或运算的速度。
信用规律	为了保证互联网虚拟世界有序和安全的运转，互联网用户在互联网虚拟空间中的身份验证将会越来越严格，互联网的信用体系将会越来越完善。
统一规律	互联网将会从软件基础、硬件基础、商业应用等各个层面从分裂走向统一，互联网将会进化成一个唯一的虚拟大脑结构。
消融规律	因为互联网的进化，虚拟世界与真实世界的边界逐步消失，人们越来越无法分辨身处虚拟环境中还是真实世界中。
Big SNS（大社交）	2012年发表的《Big SNS（大社交）的诞生，物联网与社交网络的结合》从类脑神经元发育的角度，对社交网络的未来发展进行了预测，提出社交网络作为互联网大脑的核心结构与神经元网络雏形，其将会从人与人的链接发展成为人与人，人与物，物与物的链接，从社交网络发展成为大社交网络。

 知识应用

以下是深圳职业技术学院2021年广东省普通高考专科招生计划。

深圳职业技术学院2021年广东省普通高考专科招生计划

电子与信息工程学院	人工智能学院	机电工程学院	商务外语学院	管理学院
计算机网络技术（与华南师范大学三二分段培养）	计算机应用技术	建筑智能化工程技术（四年制）	商务英语（与华南师范大学三二分段培养）	港口与航运管理
电子信息工程技术（四年制）	软件技术	建筑智能化工程技术	国际商务	工商企业管理
电子信息工程技术	大数据技术	机械设计与制造（四年制）	商务英语	市场营销
移动互联应用技术	云计算技术应用	机械设计与制造	商务日语	现代物流管理
物联网应用技术	虚拟现实技术应用	机电一体化技术	应用法语	旅游管理
计算机网络技术	人工智能技术应用	智能控制技术	应用德语	酒店管理与数字化运营
信息安全技术应用	区块链技术应用	工业机器人技术	应用外语（韩语）	人力资源管理
现代通信技术	软件技术（中美合作）	电气自动化技术	应用外语（阿拉伯语）	现代物流管理（中美合作）
集成电路技术			应用外语（西班牙语）	
			应用外语（俄语）	

（续）

学院	专业
建筑工程学院	风景园林设计、建筑设计、建筑消防技术、工程造价、建筑工程管理、房地产经营与管理
艺术设计学院	视觉传达设计、产品艺术设计、服装与服饰设计、环境艺术设计、工艺美术品设计、首饰设计与工艺
医学技术与护理学院	口腔医学、护理、助产、口腔医学技术、康复治疗技术、眼视光技术、智慧健康养老服务与管理
经济学院	金融科技应用、大数据与会计、法律事务、金融服务与管理（中澳合作）、社区管理与服务
汽车与交通学院	新能源汽车技术、汽车电子技术、智能网联汽车技术、智能交通技术、城市轨道交通运营管理
材料与环境工程学院	材料工程技术、精细化工技术、分析检验技术、环境工程技术、给排水工程技术
数字创意与动画学院	动漫制作技术、数字媒体艺术设计、游戏艺术设计、动漫设计、广播影视节目制作
传播工程学院	包装策划与设计、数字图文信息处理技术、数字出版、传播与策划
食品药品学院	食品生物技术、食品检验检测技术、药学
职业技术教育学院	文化创意与策划、学前教育、音乐表演

课堂提问

1. 从表中所列的专业中,你能看到哪些跟科技紧密相关的专业?
2. 如果要进行带有科技成分的跨专业结合,你能想到哪些专业的结合?

启　示

尽可能地用发散思维进行跨专业跨领域的结合思考。

 拓展活动

任务名称	科技趋势调研
任务目标	让学生了解世界科技发展趋势
实施者	个人活动
活动步骤	从以下推荐的网站中找寻科技发展趋势 **中文** ● 行业研究报告:微信小程序 ● 科学网:科学网——构建全球华人科学社区 ● 果壳:科学人│果壳网 科技有意思 ● 泛科学:PanSci 泛科学——中国台湾最大科学知识社群 ● 科学公园:科学公园│科学就是力量 ● CASE 读报:CASE 读报——CASE PRESS ● 论坛:小木虫论坛 **英文** ● science channel:Homepage ● nature:Nature Research — science journals, jobs, information and services ● science:Science │ AAAS ● popsci:Popular Science Homepage ● scientific amercian:Science News, Articles and Information ● science news:Science News ● science friday:ScienceFriday.com — Science Friday ● live sciense:Live Science ● science direct:Science, health and medical journals, full text articles and books ● futurity:Futurity: Research News from Top Universities ● curiosity:Curiosity Makes You Smarter

4.3 向内探索你的价值主张

4.3.1 探寻价值取向

课堂引入 "价值之轮"游戏中包括各种主题,这些主题可以揭示我们的主要兴趣。此外,它还能说明生活中哪些方面和我们的工作同等重要或是比后者更为重要。

1. 选择下面右图八个主题(也可以用你设定的主题或感兴趣的领域)。
2. 在下面左图中依次标出八个主题,然后以圆心为零点(满足感最低)、圆周为最大值(满足感最高)在每个主题区间标记分值。
3. 标记完之后,把每个区间的分值用彩笔涂抹出来。(完全涂抹的区域表示此项生活主题得到了全面实现,部分涂抹的区域表明在这个领域你还需要更加努力)
4. 用另外一支颜色的笔涂抹剩余的区域,以突出显示对哪个区域更感兴趣。

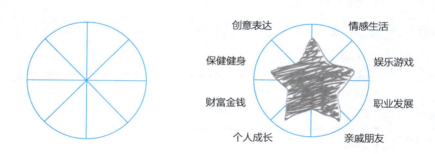

启 示

这个练习可以让学生意识到,每个人对生活中不同领域的关注程度和理解都不一样。例如,在"亲戚朋友"这个部分有一半被涂抹,这种关注程度对某个人来说可能已经足够了,但对另外一个人来说可能无法接受。

知识探究

1. 创业人生视角

创业人生方向包含四个重要的视角，分别是客户、产品、价值和资源。具体来说，客户，就是你帮助的对象；产品，就是你满足用户需求的解决方案；资源，就是价值得以体现的基础；价值，就是你的成就感（收获大于付出），因为你的存在，让别人和社会变得更好，也因此得到他人和社会的认可。

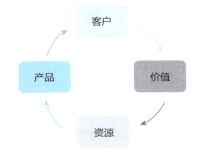

2. 创业人生思考方向

一个人的人生方向本质体现了你要为谁创造价值，创造什么价值。

画家，展现这个世界最美丽的一面；诗人，让平淡的现实变得更加美好；医生，治愈病人的病痛；教师，帮助他人成长；企业家，为社会提供能够改善生活的产品和服务；建筑工人，为城市建设做贡献……

在这个社会里，无论处在哪一个位置上，我们都是在为他人、为这个社会创造价值，我们的存在是这个世界可以延续和更加美好的原因。同时，一群价值观相似的人适合一起努力共同行动并且创造价值，这就是我们的人生方向设计。

因此，基于创业视角的人生方向设计核心是围绕价值主张来展开的，你需要思考：

- 你要为谁创造价值。
- 你如何创造价值。
- 你又如何传递价值。

3. 创业人生画布

创业人生画布通常包含以下九项内容。

（1）我能帮助谁？ 是指你要帮助的对象，需要对他们的属性进行详细的描述，例如，身份、职业、性别、年龄和所在区域等。

（2）我能为他做什么？ 是指能给他们提供什么服务？以及能给他们带来什么价值？

（3）我怎样才能帮到他？ 是指我通过什么渠道为他们提供服务？

（4）我该如何让他们知道？ 是指我通过什么样的方式才能让他们知道我所提供的服务的价值。

（5）我需要做什么？ 是指为了提供产品或服务，需要做什么关键活动。

（6）我有什么？ 是指我的核心竞争力，我有哪些核心资源，以及我如何组合这些资源，例如，知识、技术、资金和人脉等。

（7）我需要谁帮助我？ 是指哪些是我所不擅长的，需要合作伙伴来帮助我。

（8）我能得到什么？ 是指我因为提供的服务能收获什么？有可能是经济回报，也可能是社会回报。

（9）我需要付出什么？ 是指我要付出的资金、时间、精力和风险等成本。

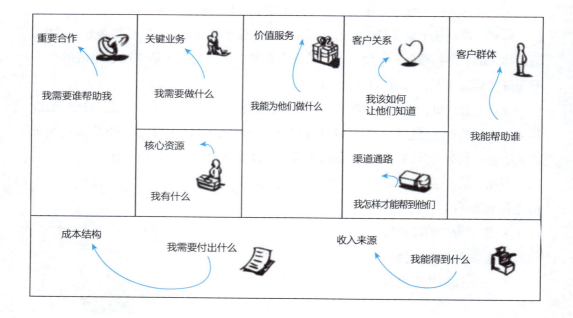

知识应用

一名从事大学创业基础教育的教师为自己的工作绘制了一幅创业人生画布,具体如下,请仔细阅读这幅画布。

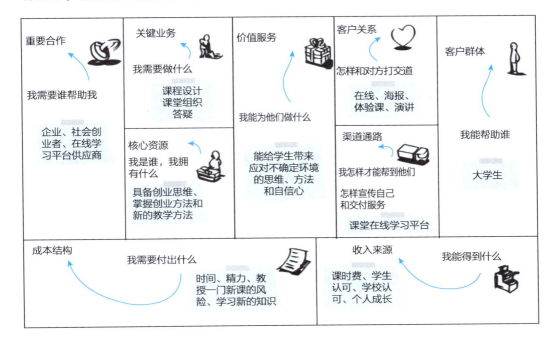

课堂提问

你可以对这张创业人生画布进行具体解读吗?

启　示

1. 我能帮助谁?

我的身份是一名从事大学创业基础教育的教师,我的使命是通过创业基础课程,帮助大学生提升自信心,掌握创业思维方式和方法论,以应对快速变化的未来。

我要帮助的对象是在校期间所有的大学生,他们大多数人对未来缺乏了解,对如何应对快速变化的未来缺乏信心和方法,很多时候只能尽可能地多学习,积极参加各种认证考试,确保内心有安全感,而不知道这些知识究竟有什么用。

2. 我能为他做什么?

以参加创业基础课程的大学生为例,我能给他们提供创业基础课程,通过学习可以让他们从创业的视角去重新设计人生方向，形成对创业正确的认知，掌握创业思维，以应付变化的未来，掌握创业的方法论，快速低成本地把想法变成现实，最终帮助他们提升应对未来变化的思维和能力。

3. 我怎样才能帮到他？

我可以通过线下传统课堂与在线学习平台去传授创业基础知识和方法，这些平台有可能是自己建立的，例如微信群或 QQ 群，有可能用第三方学习平台，例如创业在线学习、学堂在线、中国慕课等。

4. 我该如何让他们知道？

创业基础课程已经成为一门必修课，不需要特别宣传，但很多学校还没有开设相关选修课，我可以通过在线传播、宣传海报、体验课、演讲等方式来吸引学生参加课程。

5. 我需要做什么？

以创业基础课程为例，我需要做课程设计、内容开发、课堂组织、评价作品、指导创业实践等。

6. 我有什么？

作为创业导师，我具有就业创业指导、培训方面的工作经历，并取得了相关专业领域的成果，能够协助学生和学校对接行业内的优质资源。

7. 我需要谁帮助我？

我需要一些真正有创业经验的人来到我的课堂，分享其创业案例，无论其成功还是失败；需要一些在线学习平台，来提供在线课程；需要教务处支持我在课堂做创新教学改革；需要企业提供一些实践机会等。

8. 我能得到什么？

以创业基础课程为例，我的经济回报是课时费；我的社会回报是改变了学生的思维，得到了学生的认可；我改变了传统课堂的教学方法，得到了学校的奖励和认可；我实践了新的教学法，并传授新的教学内容，这些都让我自己得到了成长和改变。

9. 我需要付出什么？

我需要付出时间去备课，需要付出精力去学习新的方法，我要承担使用新方法和改革的风险，甚至需要参与一些创业实践项目，以获得实践经验等。

拓展活动

任务名称	创业人生画布设计练习
任务目标	引导学生深入思考自我创业的可寻方向
实施者	个人
活动步骤	1. 根据以上的认识自我、了解自我的活动，确定一个自己看重并且觉得有意义的角色 2. 根据这个确定的角色，拿出一张白纸，逐一回答"创业人生画布"中的九个问题 3. 针对自己对这九个问题的回答，再提炼出相应的答案，填入下面的画布当中 ![画布] 我需要谁帮助我/谁可以帮助我 | 我需要做什么 | 我能为他们做什么 | 我如何让他们知道/怎样和对方打交道 | 我能帮助谁 我是谁，我拥有什么 | 我怎样才能帮到他们/怎样宣传自己和交付服务 我需要付出什么 | 我能得到什么

4.3.2 挖掘可用资本

课堂引入 对你自身拥有的资本进行思考，你认为你拥有哪些资本？跟同学们分享一下。

启 示

你所拥有的资本可以分为三大类型，分别是社会资本、文化资本和经济资本。社会资本和文化资本是法国当代著名的社会学家皮埃尔·布迪厄"揭示在社会生活中的动态权力关系"中的两个概念，而除了这两个概念，布迪厄关于资本的概念系统中还包括经济资本这个概念。

1. 社会资本

社会资本在布迪厄看来，就是可以利用并以此来获得或维持自身利益和阶级位置的多重资源，它在多数情况下会被描述为一个团体的资源，那是一个在此团体内一定程度上的共同价值观和信任。社会资本不一定会起到立竿见影的作用，然而，一旦需要时，却不能缺少。因此，对社会资本进行投资时是有风险的，甚至，从一个更小的经济角度看，对于社会资本的投资也许是完全没有意义的。因为利益的产出将会在很长的时间之后才出现。然而，却有很多利益和帮助是通过社会资本才能获得的。

2. 文化资本

文化资本可以分为身体化的文化资本、客观化的文化资本和体制化的文化资本。

身体化的文化资本可以理解为内化的文化资本，因为这种形式的文化资本是通过家庭或者学校教育而内化为个人身心习惯、精神上的文化知识、技能和修养，因此，需要大量时间和精力上的积累和投入，并且得有丰厚的家庭经济资本作为支撑。

客观化的文化资本是具体的物化了的文化资本，具体表现为对书籍、绘画、古董、器械等物质性的文化财富的拥有。

体制化的文化资本是介于身体化的文化资本和客观化的文化资本之间的文化资本形式，它可以通过"授予合格者文凭和资格证书等社会公认的形式将其制度化"，任何阶级出身的行动者都可以取得这种体制上予以承认的文化资本。

3. 经济资本

经济资本是其他两个资本的根源。经济资本可直接转换成金钱，转换过程是以私人产权的形式制度化的；文化资本能转换成经济资本，这一过程是以教育资质的形式制度化的；社会资本是由社会义务所构成的，也可以转换成经济资本，该过程是以某种身份的形式制度化的。总而言之，这三个资本形式之间是可以相互转化的。

拓展活动

任务名称	思考你所拥有的资本
任务目标	深入分析自身所拥有的资本
实施者	个人
活动步骤	根据三类资本，思考自身所拥有的资本，并制作思维导图

4.4 确定创业方向

4.4.1 商机初筛法

重新设计购物车

以"设计思维"方法著称的IDEO公司曾经接受美国广播公司（ABC）晚间在线（Nightline）节目的一个挑战，要在短短五天之内重新设计人们日常使用的超市购物车。

"重新设计购物车"任务开始的第一天，由拥有不同背景的成员组成的IDEO创新团队走上街头，观察普通民众、咨询专业人士。他们分成几个小组，有人到超市采访"资深"购物者、观察人们如何购物，也发现了安全隐患（成人和孩子挤在一起）和使用的不便（购物车在狭窄的通道交汇），以及超市员工使用手推车的讨巧办法；有人访问购物车制造商、修理工，了解现有购物车的缺点和维护；还有人前往当地一家自行车商店，掌握最新的设计和材料方面的信息。通过这一整天的"体察民情"，创新团队基本确定了新的购物车要达到的三项目标：让采购更加便捷、让儿童更加安全、防止偷窃。

第二天上午，创新团队围绕第一天明确的三项目标展开了头脑风暴，经典的集体讨论原则被印在墙上，其中就包括"鼓励奇思妙想"和"不妄下结论"。成员们拿出带有各种颜色的便利贴和小玩意儿，以便刺激情绪，让各种新奇的想法充实大家的头脑。经过几个小时的讨论，当几百种奇异的点子和草案挤满了墙壁之后，大家开始投票选举最棒的设计，同时要注意它们不能太过理想化，因为必须在几天之内就能生产出来。

在第二天上午投票选取出代表性的创意之后，创新团队重新分组，与IDEO的机械师、模型制作师一起，限时3小时，开始动手制作第一轮模型。第一轮的几组模型各有千秋，创新团队结合这些模型的优点，就马不停蹄地开始了下一轮的模型制作。经过第三天、第四天的不断修改、迭代，创新团队终于在第五天的早晨交付了令人满意的成果。

当这辆全新设计的购物车出现在超市的购物通道上时，赢来了无数惊奇的目光：它不再是四四方方，而是拥有优雅流畅的线条；敞开式的框架使得五个手提篮可以灵活地放置于购物车的上下两层，这样购物者可以把购物车当作存储基地，只需要带着手提篮进入可能会有些拥挤的货架区拿取商品；儿童座位则借鉴了游乐园的安全护栏；车上还有一个用来结账的条码扫描头、两个咖啡杯座和可以巧妙调节方向的后轮；取下手提篮后的购物车只剩下几根铁架子，几乎派不上什么用场，从而可以有效规避被偷盗的风险，要知道以往有许多购物车都被偷走当储物篮或烧烤架了。

"重新设计购物车"项目成了IDEO的经典案例，晚间在线的深度报道《深潜（Deep Dive）：一个公司创新的秘密武器》也成为其当年最受欢迎的节目之一，它让许多观众第一次理解了创新究竟意味着什么，以及如何在真实的商业环境中运作创新成果。IDEO的创新流程和方法也逐渐被更多的企业所关注和运用。

课堂提问

阅读"重新设计购物车"案例后，思考以下问题：

下图是IDEO设计思维的5个具体步骤，根据所学的创意思维类型，你觉得这5个步骤里运用了哪些创意思维？

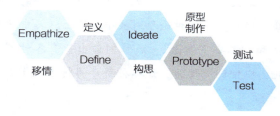

启 示

还记得之前的课程中，给大家介绍的三组六种创意思维吗？分别是发散—收敛，正向—逆向，横向—纵向。任何创意工具和方法都离不开这三组六种创意思维在背后的配合作用。设计思维作为一种创意工具和方法，就是在引导参与者按照这5个步骤，在一系列团队活动中穿插运用多种创意思维，达到发现问题和解决问题/识别商机的目的。借助这个思路和方法，我们接下来就带着同学们一起进行商机的初筛。

知识探究

1. 商机初筛法的合成思路

商机初筛法主要是通过向外挖掘和向内探索后探寻其中的集合，以识别出可行的商机方向。

（1）向外挖掘 包括通过对经济趋势的调研、社会动向的把握及对前沿技术发展的了解。

（2）向内探索 是对创业者个人可用资源的思考和定位、个人内心创业价值的取向，以及洞察客户作为个人所看重的价值需求。

向外挖掘（经济趋势、社会动向、技术发展） — 商机"蜜罐区" — 向内探索（资源、价值取向、客户价值）

2. 商机初筛法的逻辑步骤

（1）发散 在从外挖掘和从内探索后，相信脑子里已经有很多点子了，天马行空也好，实际可行的也好，这对于我们来说都很重视，要趁机进行头脑风暴，产生更多的关键字或关键词，这就是一个发散思维的过程。

（2）收敛 这之后，就要进行思维的收敛，从众多关键字或者关键词当中，挑选受认可的关键字或关键词。

（3）再次发散 随后，要继续进行发散思维，也就是对关键字和关键词进行创意重组，形成很多天马行空的商机点子。

（4）再次收敛　最后，就是再次的思维收敛，从众多看似天马行空的商机点子中，挑选可行的商机，可以是一个或者多个（5个为上限）。

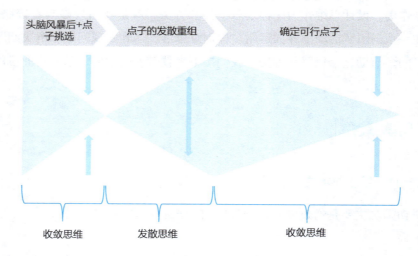

3. 商机初筛法的条件

（1）跨学科团队协作　商机初筛的过程，最好由5～6人的团队产生，团队内注重异构，也就是团队各成员最好是囊括各种专业背景，成员间对不同观点保持好奇心和开放性，以构成商机拟定的创造性工作文化的基础。

（2）灵活的合作工作空间　团队需要最佳的空间条件，以便开发其创作过程，也就是要有足够的空间放置可移动的白板、设备等，以保证团队成员无障碍的观点表达。让组内成员能够轻松地与其他成员进行交互。

（3）创新的思维逻辑步骤　团队统一按照商机拟定的过程逻辑步骤，运用创意思维进行积极思考互动，保证活动的推进。

知识应用

请针对老年人行动能力下降的痛点，为保持其行动能力，设计解决方案，以下是具体步骤：

（1）进行访谈　在和他们进行访谈的过程中，他们可能会与你分享他们为了保持行动而使用的方法。在访谈后期可以进行深入挖掘，寻找个人故事或比较极端的场景。理想情况下，你可以与多个访谈者重做此过程。

（2）了解实际需求　通过访谈，可以了解人们在特定活动中实现的实际需求。一种方法是对受访者在谈论他们的问题时提到的动词或活动进行重点分析：比如他们会说，他们喜欢去散步，结识老朋友喝茶，或者在街角商店购物。通过深入分析，透过表面你可能会意识到，这不是老年人喜欢外出，而是他们希望彼此保持联系。分析后，可以制定一个问题陈述："有些老人害怕孤独。希望保持联系"。

（3）挖掘更多解决方案　关注问题陈述并提出解决问题的想法。重点不在于获得一个完美的想法，而是要想出尽可能多的想法，比如，可以提出许多想法：独特的虚拟现实体验或改装的手推车。不管它是什么，请画出最佳想法，并将它们展示给你正在尝试提供帮助的人，这样才能得到他们的反馈。

（4）确定最终解决方案　花一点时间思考一下你从对话中了解到的不同想法。问问自己，你的想法如何适应老年人的实际生活。你的解决方案可能是一个新想法和现有方案的组合。勾勒出最终的解决方案，并建立一个真正的原型以进行测试。

课堂提问

以上几个步骤，你觉得运用了怎样的创意逻辑？请分析。

启　示

步骤1是透过同理调研发散思维寻找问题的过程，是一个发散思维的过程；步骤2是根据访谈所得进行思维收敛的过程，找到和确定问题所在；步骤3是再次发散思维的过程，根据步骤2的问题，发散思维挖掘更多的解决方案；步骤4则是再次切入实际，找到最终的解决方案，是一个收敛思维的过程。

拓展活动

任务名称	商机初筛
任务目标	利用创意思维帮助你们找到创业的点子
实施者	个人及团队
活动背景	请认真思考你个人的三大资本（社会资本、文化资本和经济资本），重新回顾你做过的"创业人生画布"，以及"确定职业/价值'蜜罐区'"对自我的价值探索，从多维度对自我进行思考后，你应该对自己有更加深入的认识。 另外，从客户的个人角度出发，你对客户看重的产品/服务都需要有所了解。 结合前面对"经济、社会及技术的趋势"的调研思考，你现在应该有一些新的想法。
活动步骤	1. 个人活动：现在请倒计时5分钟，在5分钟内，将你在前面的一系列活动中（向外挖掘、向内探索的一系列活动）产生的任何创业想法写下来。请写下至少30个创业想法，注意，是短语或词语的形式，尽量简短，即使是天马行空的都没有问题，这次我们重量不重质。 2. 团队活动：现在请组员们聚到一起，从各自的30个想法中找到重叠和觉得可行的点子。 3. 团队活动：团队成员们根据这30个点子进行创意重组，将不同的点子结合起来形成新的想法（越多越好）。 4. 团队活动：团队成员共同投票，挑选出最认可的点子（上限5个）。

4.4.2 商机拟定法

课堂引入

一项针对80多家有风险投资支持的技术型新创企业的研究调查了企业在初次进入市场前受多个创业机会的影响。

在企业创立初期的这个重要阶段，研究结果提供了以下两个非常具有价值的观点。

第一，多数创业者在创业过程中学到的关键经验就是在决定采用最终创业机会前一定要准备一组可选择的创业机会。

第二，"识别出一组可选择的创业机会"可以给创业者带来益处。

课堂提问

创业要集中火力在某个创业机会上，还是应该时刻有备选方案？

启　示

创业的过程就像攀登一座大山的过程。在攀登高峰的中途忽然发现前路不通时，该怎么办？时间、精力、资金已经投入，是否只能选择放弃继续攀登？因此，在创业的过程中，拥有一个或多个其他的"可选"/"备选"的创业机会非常有益，这能够在正在攀爬的那座大山和周围的大山之间架起"桥梁"。万一发生变化，就不需要重新从山脚开始攀登另一座山了。

 知识探究

商机实际上是任何功能和用户的组合，而"需求"则是其中的纽带。换而言之，功能就是为了解决用户的需求，因此，商机就是能够满足用户需求的产品或服务。

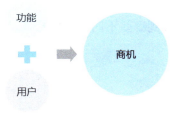

功能

在描述某个产品或服务的功能时，通常有以下两种描述方式。

- 一种是不考虑具体的用户（如"环境监测的功能"——没有具体的用户和市场领域）。
- 另一种就是考虑已有的具体用户和广泛的市场领域（如"医用功能"——明显针对病患这一类的具体用户和市场领域）。

用户

在识别用户时，可以进行放大和缩小的维度进行识别。

- 放大用户群细看，可以进行纵向思维，目的是识别子用户群（比如，放大"旅行"这类用户，可以找到"酒店"和"航空"等子用户群，"酒店"可以继续放大，看到高端酒店或低端酒店的分类）。
- 缩小用户群广视，可以进行横向思维，识别更多的用户群（比如，在关注 B2B 市场时，当缩小用户群时，可以看到 B2C 等市场）。

知识应用

谷歌眼镜，是由谷歌 X 实验室开发的智能眼镜，它拥有以下的几个功能。

1）eye-tap 技术，即捕捉进入穿戴者眼镜的光线，然后用计算机合成的光代替一部分真实的光，可以看到视觉范围内本应能够看到的每一样东西。

2）语音控制。

3）增强现实技术。

4）智能棱镜投影仪。

事实是，在这款设备上市后的 3 年，也就是 2015 年初，谷歌就正式停止了这个眼镜项目，并从市场撤回了全部产品，其中一个主要原因是这款产品在面向消费者时没有明确用户群。

课堂提问

你觉得这款眼镜能够细分到哪些不同的领域？

启　示

医学、教育、媒体用户。

拓展活动

任务名称	商机初拟定
任务目标	连接功能和用户，确定商机
实施者	个人及团队
活动背景	在上一个拓展活动（商机初筛）中，你和你的团队经过一系列活动后，从众多的创新点子中初步筛选了几个点子（商机）。现在这个活动就是引导你进一步明晰每个点子中的具体"功能"，并且进一步放大（使细化）用户群，找到更明确的用户。最终，连接明确的功能和用户，确定可行商机。

（续）

活动步骤	按要求完成以下的表格（一个点子一个表格）	
	点子名称：	
	功能：	1.
		2.
		3.
		…

	用户群分析：
	（放大或缩小）
		例子： B2B B2C
		    电子商务 分类网站
		      零售 旅游
		       酒店 航空

	功能—用户（商机）	
	结合自身资源及可企及 资源的考虑（打钩）：	可行（ ） 不可行（ ）

第 5 章　挖掘及评估创业商机

|课堂引入　|知识探究　|知识应用　|拓展活动|

 本章导读

在这之前已经确定了大概的商机方向，以"用户为中心"是寻找商机的最基本原则，因此，在进一步挖掘商机并对商机开启评估之前，必须以用户为切入点，从用户着手进一步确定商机的"功能"和"用户"的连接，以挖掘真正有市场价值的产品/服务功能。最后，对于商机的可行性的评估，将采取"商机吸引力评估法"，从"潜力价值"和"挑战和障碍"两个维度对商机进行评估和自检。了解商机为什么可行，为什么不可行，又应该从哪些方面对其进行重塑。

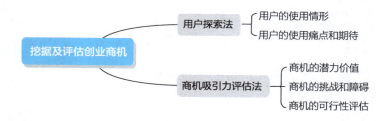

5.1 用户探索法

5.1.1 用户的使用情形

课堂引入

通过"向外挖掘"和"向内探索"的调研及思考，大概确定了我们感兴趣的同时觉得可行的创业方向，经过前面"商机初筛法"及"商机拟定法"的实施，更进一步确定了潜在的"产品/服务的功能"和"产品/服务的用户"的连接。然而，所确定的"功能"和"用户"还需要进一步的探索，也就是对目前确定的产品/服务的潜在客户进行进一步的真实调研。首先，就是对潜在用户的"使用情形"进行调研。

课堂提问

用户在过去使用类似的产品/服务或你认为用户在未来使用产品/服务时，通常是在什么情形中使用呢？可以从什么方面进行分析？

启　示

了解潜在用户的使用情形的目的是为了挖掘到或许还没有被意识到的真正需求，或印证你的团队所假设的潜在客户的需求，去进一步定位产品/服务的功能。前面所学到的"客户的价值探索"中的客户的价格、功能和情感需求可以作为分析框架。但在产品还没被验证可行之前，也就是说产品还在探索阶段时，分析框架应该可以更大一些，因此，可以从用户的工作、生活、情感这三个方面去进行了解和分析。

知识探究

用户的使用情形包括以下 3 点。

（1）工作中需完成的任务　需要了解用户目前在工作中正在进行或尽力完成的工作、正在面对的需要解决的问题。你要尽量通过跟用户的对话，从用户的角度去

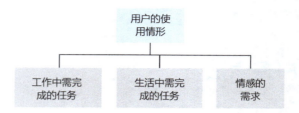

进行分析，并描述用户在工作中正在尽力完成的事项。从而思考你的产品或服务能否为他/她在工作中产生的需求提供帮助，或者说，能否满足他/她在工作中所产生的需求。

（2）生活中需完成的任务　用户在结束工作后或日常生活中都会面对什么情形和问题，特别是在以往使用类似产品/服务时，是基于什么需求而使用的。或者，在未来如果选择使用你所提供的产品/服务时，通常是基于什么需求而使用。要尽量从用户的角度描述用户在生活中遇到的情形。

（3）情感的需求　去了解用户在平时生活中有哪些需要被满足的情感需求，比如，用户希望自己能够看起来很漂亮、很神气，或希望自己能够看起来很有气质、有一定的社会地位和威望，又或者想要看起来很时尚。这可以联系前面所学到的"客户情感价值"的四个方面来作为分析或了解的框架——人群归属感、舆论和流行认同感、权威认同感、惊喜与乐趣。

 |知识应用|

设想你现在需要一杯咖啡，可是你在享用这杯咖啡的情景不同，具体如下。

情景1：在凌晨赶作业。
情景2：上课的时候。
情景3：约了朋友在某家咖啡厅里集合，等会儿一起逛街，但你先到了。
情景4：买到一杯网红咖啡店里的咖啡。

课堂提问

不同的情景下喝咖啡的需求一样吗？分别是什么？

启　示

要知道，我们选择喝的饮料会因情景不同而需求不同，比如同样是选择咖啡，晚上熬夜时选择咖啡的目的是用来提神，而上课时喝咖啡，也许是因为上课过程中偶尔无聊想要喝点有味道的；你进入咖啡店买一杯咖啡，是因为你在等朋友，想找个位置坐下来，又或者，你只是想买一杯咖啡发个朋友圈。因此，需要尽量从用户的角度去了解他们在情景中尝试需要完成的任务或目标，从而分析和了解他们的真实需求。

拓展活动

任务名称	"颠覆性技术"这一理念的首创者克莱顿·克里斯坦森（Clayton M. Christensen）的用户目标（Jobs to be done）
任务目标	了解用户使用情形的其他分析框架
实施者	个人
活动步骤	<table><tr><td>情境</td><td>进步</td><td>多元</td></tr><tr><td>用户目标和情境有关。情境包括具体场景，也包括人生阶段、家庭状况这些背景</td><td>特定情境下，用户想要朝着某个目标或愿望前进，获得进步。或者是用户的"主动性"，也就是受到目标驱使，用户主动改变行为和态度</td><td>功能用户目标、社会及情感层面用户目标</td></tr><tr><td colspan="3">请你思考以上框架，跟【知识探究】中的用户使用情形的分析框架有什么相同和不同之处，请具体分析。</td></tr></table>

5.1.2 用户的使用痛点和期待

课堂引入

海飞丝广告：第一次拜访岳父岳母，肩上都是头皮屑，老人因此对年轻人一脸嫌弃；面试时，因为肩上布满头皮屑而让面试官不断皱眉的毕业生。

课堂提问

请具体分析海飞丝广告中主角的痛点和期待分别是什么？

启 示

海飞丝广告主角的痛点是有头皮屑，特别是在关键时候都因为头皮屑而使情况非常尴尬和难堪，这就是用户痛点，而用户的期待就是有没有什么产品可以使他能够缓解或者能够根本解决这种情况。可以看到，这个问题的解决方案可以有很多，譬如见面或面试之前先及时整理仪容，或者当天戴帽子见家长或戴假发去面试。但能够根本解决这个问题的办法，就是使用能够有效去除头皮屑的海飞丝。因此，分析用户的痛点和期待的目的是挖掘客户的真正需求，以找到产品更准确的定位，让产品/服务具备更合适和更精准的功能。

知识探究

1. 用户的使用痛点

用户的使用痛点包括阻碍、风险和其他不想要的结果。

（1）阻碍　就是妨碍用户工作、生活事项行进或妨碍用户情感需求得到满足的因素。另外也可以是用户过去在使用类似的产品/服务时不良的感受。

（2）风险　风险可以是导致错误或有重大负面影响的事。比如安全风险，比如在实施类似的方案时有可能会让用户失去信誉，或者产品/服务本身存在安全漏洞。

（3）其他不想要的结果　除了阻碍和风险以外，用户感受到的不想要的结果、问题或其他明显的消极特性，可以是功能上的或是情感/感受上的。

2. 用户的使用期待

用户的期待包括必需的、期望的、渴望的三种。

（1）必需的　通常是指产品/服务本身在功能上必需具备的条件。比如，风扇必需能够有吹风的功能，椅子必需有能够被人坐的功能特性。

（2）期望的　可以等同于基本的收益。比如，我们也许会对手机的外观会有所期待；比如，我们对洗发水期待有基本清洁功能外，可能还会期待这款洗发水有护发的功能。

（3）渴望的　渴望是指远远超过用户期望的特点，通常是超出我们目前所认知的科学技术能力。比如，很久之前，你曾经幻想过在换手机时，旧手机内储存的资料能否不需要实物中介就能传输到新手机内。这些都是我们曾经渴望过的某些瞬间，但被有心人记住了，并努力实现了，因此我们现在物联网。

 知识应用

在理解用户的痛点和用户的期待时，还可以从另外一个分析框架去理解，也就是用户的痛点、爽点和痒点。

痛点，其实就是人们的恐惧。甚至更绝对点说，触及不到恐惧的点都不算是痛点。解决痛点就是满足人们逃避恐惧和焦虑的需求。比如你害怕自己在职场被淘汰，知识付费就是帮助消解恐惧的产品。

爽点，就是需求能即时被满足。比如科普视频，几分钟的视频就能清晰地讲明白热点事件背后的科学原理，5~10分钟+视频的模式其实就是即时满足。看完，观众就觉得自己变聪明了，虽然这可能是个错觉，但是确实"爽"啊。

痒点，是满足人的虚拟自我。很多网红和网红产品之所以被热捧，其实就是营造了虚拟自我的生活，是目标用户理想的投射。很多时候，用户或者顾客卖的不只是网红产品，而是网红产品所营造的生活方式和氛围。

课堂提问

这里提到的"痛点""爽点"和"痒点"，跟【知识探究】中所学的用户痛点和用户期待有什么相同之处和不同之处？

启　示

这里的"痛点"就是"用户痛点"中的恐惧或不想要的结果；"爽点"和"痒点"和"用户期待"相关。

拓展活动

任务名称	用户探索法
任务目标	进一步探索和挖掘商机
实施者	小组、团队
活动步骤	背景：通过"商机初筛法"和"商机初拟定"活动，已经进一步确定了商机方向，找到更进一步的"功能"与"用户群"的连接。因此，接下来要做的就是对确定的那个商机，从用户中进行探索，更进一步地深挖商机。请根据以下步骤，完成本次课程的实践活动。 步骤1：请组内成员合作利用以下表格对至少5位潜在用户进行调研（每位用户1份表格）

项目/商机名称：		
使用情形（陈述你用到这个产品/服务的情况，也就是你大概基于什么情况或原因会使用这个产品/服务）	工作中需要完成的任务	
	生活中需完成的任务	
	个人/情感的需求	
使用痛点（陈述你在过去使用类似的产品/服务时遇到的不满）	阻碍	
	风险	
	其他不想要的结果	
使用期待（陈述你在使用类似产品/服务时你所期待的结果）	必需的	
	期望的	
	渴望的	

步骤2：综合对潜在用户的调研结果，完成以下的表格

针对以上用户调研表结果中的"使用痛点"，你的项目（服务/产品）将具备哪些功能以缓释这些客户的痛点	
针对以上用户调研表结果中的"使用期待"，你的项目（产品/服务）将具备哪些功能以满足客户的期待	
基于以上的考虑，请概述一下你最终确定的项目（产品/服务）情况	

5.2 商机吸引力评估法

5.2.1 商机的潜力价值

课堂引入

前面提到过,创业的过程就像是攀登一座大山的过程。如果商机是一座一座的大山,那商机的潜力就相当于大山的高度。也就是说,山越高,它带来的潜在价值就越大。因此,对于商机的潜力价值的评估非常重要,因为这个评估可以让我们了解到如果开启这个商机的话,就能创造出多大的价值。

课堂提问

商机潜力价值的评估是对机会自身的评估,还是作为创业者自身实现这个机会的能力的评估呢?具体来看,可以从哪些维度对一个商机潜力进行评估?

启　示

这个评估指的是机会本身,并不考虑创业者自身实现这个机会的能力。一个创业机会的价值创造潜力是由三个重要因素决定的,分别是购买的理由、市场容量和经济可行性。

知识探究

1. 购买的理由

无论你觉得自己的产品/服务有多完美,一旦没有人或少有人想要购买这个产品,那么商机就不可能启动下去。因此,我们不断强调用户需求、客户探索的重要性,我们需要了解产品/服务被购买的(必然)理由是否充分和充足。

为了更好地了解产品/服务被"购买的理由",需要从以下三个方面去进行思考。

- **需求度**:产品/服务的需求度如何?
- **高效性**:产品/服务能否针对用户的需求提供高效的解决方案?
- **最优解决方案**:产品/服务是否是目前最优的解决方案?

针对以上三方面,可以分别进行深入的思考。

(1) 需求度

- 需要解决或完成的确切问题/需求/工作是什么?这个需求是功能的、社交的、情感的还是基本的需求?
- 谁有这样的需求?试着列出一位普通用户的特征。谁是经济型买家?谁是用户?
- 目前,用户们如何解决这个问题?他们是否真的在努力解决这个问题?
- 你提供的产品/服务能够带来什么改变?主要优势是什么?这些优势是经济的、功能的、情感的、自我表达的还是社交的?如果是经济的(例如,提高关键成功因素的生产率/降低成本),试着给出价值和投资回报的确切数据。
- 你提供的产品/服务是"必须有的""应该有的"还是"可以有的"?
- 用户必须购买才能享用吗?用户可以通过自己的制作(轻易)而得到吗?

(2) 高效性

- 你能够解决这些用户的所有需求并提供整套解决方案吗?
- 你能够为用户带来额外的满足吗?这些额外的满足目前可以达到吗?
- 你的产品/服务跟同类产品/服务相比具备哪些优势?
- 你的产品/服务跟同类产品/服务相比具备哪些劣势?

(3) 最优解决方案

- 目前,你的用户需求可以被其他产品/服务满足吗?
- 思考你的产品/服务跟同类相比所具备的优势,为什么用户要优先选择你的产品/服务?
- 思考你的产品/服务跟同类相比所具备的劣势,你觉得为什么用户要优先选择其他的产品/服务?
- 你的解决方案具备的优势对用户而言是否真的有价值?

2. 市场容量

市场容量决定了你的产品/服务所能销售的范围和潜在价值。也就是说，第一，需要估算产品/服务近期确实有的（很可能有存在的）用户数量，以及用户愿意为购买所支付的金额；第二，需要预测商机的潜力，也就是未来的发展空间。因此，在思考产品/服务的市场容量时，可以考虑以下两个问题。

- 当前市场规模：当前市场的规模有多大？
- 预期市场增长：商机有多大的发展空间？

要注意的是，虽然市场规模很重要，但有时候，市场规模不大的市场是可以成为进入更大规模市场的一块敲门砖。

针对以上两个问题，可以进行更深入的思考。

（1）当前市场规模
- 有多少用户需要你的产品/服务？根据已掌握的数据，可以采用自下而上或由上而下的方式预测潜在用户的总数量。
- 有多少用户实际使用或购买你的产品/服务？这是初步筛选用户的方式。你也可以考虑潜在市场规模和可服务市场范围。
- 这些用户每年会购买多少产品/服务？每位用户的年收入是多少？结合这两个数据，预测市场总规模，也就是在用户都会购买产品/服务的情况下，这个市场有多大。
- 用户每年会支付多少钱用于满足需求，或用户每年会支付多少钱用于处理其想要解决的问题。

（2）预期市场增长
- 市场是处于成熟阶段还是发展变化阶段？近两年是否有所增长？
- 接下来 2～5 年内，预计用户需求或数量会增长多少？

3. 经济可行性

前面学到过投资回报率（ROI），然而，这里对产品/服务的经济可行性评估并不涉及如此详细的销售计划或数字，我们只需要考虑影响你的商机所能创造的经济价值的

基本因素，因此，可以从以下三个方面进行评估。

- 利润率（价值和成本）：你是否会有可观的"利润"？
- 用户购买力：用户是否可以负担既定的价格？
- 用户黏性："用户黏性"有多大？

针对以上三方面，我们可以分别进行深入的思考。

（1）利润率（价值和成本）
- 用户愿意支付的预估价格是多少？
- 产品/服务的预估成本是多少？
- 获得每位用户的预估成本是多少？
- 预估利润是多少（也就是每位用户的经济潜力）？
- 它们会随时间发生变化吗（由于规模经济、组件的有效性的提高等）？

（2）用户购买力
- 总体来说，用户是否具有较强的经济能力？
- 用户是否有预算？
- 是否有人在经济上对预算负责？

（3）用户黏性
- 用户会多么频繁地使用或重复购买你所提供的产品/服务？
- 用户使用替代产品/服务的难易程度有多大？

知识应用

微型机器人医学（Microbot Medical）是一个由电磁场控制的自主爬行微型机器人产品。这个具备突破性技术的产品可以让神经外科、心脏科、妇科等领域实施微创医疗。目前，企业初步识别出的"功能和用户"（商机）定位是作为处理脑积水的自动清洗分流器，在美国每年进行约40000例相关的手术（市场容量不大）。

课堂提问

请利用所学知识分析一下这个商机的潜力。

启　示

虽然这款产品目前的市场容量并不大（每年只有40000例手术），但是这款产品无论是对病人也好、对保险企业来说也好，其能提供的价值确实是巨大的，所以，产品的回报很诱人，而且市场内目前是没有其他可竞争的产品，也就是说其是唯一的解决方案。因此，这个商机在潜力中的购买理由和经济可行性都是超级高的，因此可以说这个商机的潜力巨大。

拓展活动

任务名称	评估商机的"潜力"
任务目标	进一步评估商机的可行性
实施者	小组、团队
活动步骤	1. 通过"用户探索法"，已经更进一步锁定的用户和产品/服务应该具备的功能，也就是商机的定位更明确了。接下来，将从"潜力"方面去对商机进行可行性评估。 2. 请完成表格潜力评估（1）、（2）、（3），对商机的"潜力"进行评估。
项目名称	

潜力评估（1）

1. 购买理由	分析点	具体回答	分数（最高5分，最低0分）
（1）需求度	• 需要解决或完成的确切问题/需求/工作是什么？这个需求是功能的、社交的、情感的还是基本的需求？		
	• 谁有这样的需求？试着列出一位普通用户的特征。谁是经济型买家？谁是用户？		
	• 目前，用户们如何解决这个问题？他们是否真的在努力解决这个问题？		
	• 你提供的产品/服务能够带来什么改变？它的主要优势是什么？这些优势是经济的、功能的、情感的、自我表达的还是社交的？如果是经济的（例如，提高关键成功因素的生产率/降低成本），试着给出价值和投资回报的确切数据。		
	• 你提供的产品/服务是"必须有的""应该有的"还是"可以有的"？		
	• 用户必须购买才能享用吗？用户可以通过自己的制作（轻易）而得到吗？		

(续)

潜力评估（1）			
1. 购买理由	分析点	具体回答	分数（最高5分，最低0分）
（2）高效性	• 你能够解决这些用户的所有需求并提供整套解决方案吗？		
	• 你能够为用户带来额外的满足吗？这些额外的满足目前可以达到吗？		
	• 你的产品/服务跟同类产品/服务相比具备哪些优势？		
	• 你的产品/服务跟同类产品/服务相比具备哪些劣势？		
（3）最优解决方案	• 目前，你的用户的需求可以被其他产品/服务满足吗？		
	• 思考你的产品/服务跟同类相比所具备的优势，为什么用户要优先选择你的产品/服务？		
	• 思考你的产品/服务跟同类相比具备的劣势，为什么用户要优先选择其他的产品/服务？		
	• 你的解决方案具备的优势，对用户而言是否真的有价值？		
		平均分：	

潜力评估（2）			
2. 市场容量	分析点	具体回答	分数（最高5分，最低0分）
（1）当前市场规模	• 有多少用户需要你的产品/服务？根据已掌握的数据，可以采用自下而上或由上而下的方式预测潜在用户的总数量。		
	• 有多少用户实际使用或购买你的产品/服务？这是初步筛选用户的方式。你也可以考虑潜在市场规模和可服务市场范围。		
	• 这些用户每年会购买多少产品/服务？每位用户的年收入是多少？结合这两个数据，预测市场总规模，也就是在他们都会购买产品/服务的情况下，这个市场有多大。		
	• 你可以预测问题的规模，也就是用户每年会支付多少钱用于满足他们的需求或处理他们想要解决的问题。		

(续)

潜力评估（2）			
2. 市场容量	分析点	具体回答	分数（最高5分，最低0分）
（2）预期市场增长	• 市场是处于成熟阶段还是发展变化阶段？近两年是否有所增长？ • 接下来2~5年内，预计用户需求或数量会增长多少？		
		平均分：	

潜力评估（3）			
3. 经济可行性	分析点	具体回答	分数（最高5分，最低0分）
（1）利润率	• 用户愿意支付的预估价格是多少？ • 产品/服务的预估成本是多少？ • 获得每位用户的预估成本是多少？ • 预估利润是多少（也就是每位用户的经济潜力）？ • 它们会随时间发生变化吗（由于规模经济、组件的有效性的提高等）？		
（2）用户购买力	• 用户是否具有较强的经济能力（总体来说）？ • 对于你想要用你的产品/服务所解决的问题，用户是否有预算？ • 是否有人在经济上对预算负责？		
（3）用户黏性	• 用户会多么频繁地使用或重复购买你所提供的产品/服务？ • 用户使用替代产品/服务的难易程度有多大？		
		平均分：	

5.2.2 商机的挑战和障碍

如果说商机是一座一座的大山，商机的潜力是大山的高度，那么商机的挑战就是指攀登这座大山的人在攀登过程中所可能面临的种种挑战和障碍。我们要评估这个商机创造过程的挑战和障碍，因为这决定了将时间、金钱、资源投入到这个商机中能够获得的成功概率、决定了获得成功的难易程度。

课堂提问

你觉得对一个商机的挑战和障碍进行评估的话,具体可以从哪些维度进行评估?

启 示

评估一个创业机会可能面临的挑战和障碍,通常可以从三个主要因素和维度进行分析,分别是实施障碍、获利周期和外部风险。

知识探究

1. 实施障碍

你在商机的探索创造过程中一路披荆斩棘,甚至到了面临产品/服务交付的时候还是困难重重。创业者常常将所有精力放在开发产品/服务的过程中,忽视了将产品/服务推向市场时所会面临的挑战。其实,有时候,产品/服务的交付甚至比开发更难。因此,在商机开启之前先评估可能面临的多方面的实施障碍,将有助你了解还需要开发和获得哪些新的资源和能力。而获得这些新的资源和新的能力,难度有多大?这将决定商机的可行性。对于商机的实施障碍,可以从以下三个方面去进行思考。

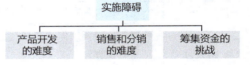

- **产品开发的难度:** 对你来说,开发产品的难度有多大?
- **销售和分销的难度:** 销售和分销的难度有多大?
- **筹集资金的挑战:** 为这个商机筹集资金的挑战有多大?

针对以上三方面,我们可以分别进行深入的思考。

(1)产品开发的难度

- 必须攻克哪些技术难关?
- 是否可能会面对与用户界面和设计相关的挑战?
- 是否应该遵守任何法律或规章制度?

(2)销售和分销的难度

- 为获取用户,需要利用哪种分销渠道(直销、经销、零售等)?

- 是否有充足的渠道？
- 建立渠道需要多长时间？
- 拥有多个渠道是否重要？
- 经营/利用分销渠道的成本有多高？
- 是否已存在有效的销售渠道（针对目标用户群）？
- 让用户了解你的产品服务并产生兴趣（也就是获得新用户）的成本有多高？

（3）筹集资金的挑战

- 在用户开始购买产品服务前，需要筹集多少资金（也就是总的种子投资）？
- 筹集足够资金的难度有多大（可用资金足够吗）？

（研发人员的多少？费用的多少？设备的需求？营销人员的多少？营销活动投入的多少？这些方面如果没有办法给出确切的数据，则可以大概评估。）

2. 获利周期

初创企业在进入放大商业模式的阶段之前，是一个发散式的探索过程，不确定性极高，可能会尝试多个反向，快速转向，不停试错。这是因为在探索商业模式的阶段，现金流通常是负的。初创企业不能被看作是微缩版的成熟企业来研究，因为初创企业的资源有限，能够给到初创企业的时间也是有限的。因此，在评估一个商机所要面临的挑战和障碍中，获利周期是一个重要的评估维度。在评估你的产品/服务的获利周期时，可以考虑以下三个问题。

- **产品开发时长**：预计产品开发时长是多少？
- **产品准备就绪和市场准备就绪之间的时长**：需要等待市场接受我们的产品/服务吗？
- **销售周期**：销售周期预计是多长？

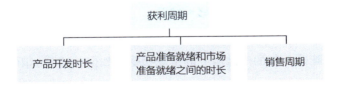

针对以上三个问题，可以分别进行更深入的思考。

（1）产品开发时长

- 在产品准备进入市场前，需要完成哪些重大任务（考虑技术开发、设计配件、符合法律程序及规章制度等)？
- 完成每个重大任务的时长是多少？
- 在产品准备进入市场前的这个阶段需要多长时间？

(2) 产品准备就绪和市场准备就绪之间的时长
- 产品准备就绪后，应该或需要在产品推向市场前做什么（考虑价值链因素、必备的基础设施、互补产品等）？
- 这需要花多长时间？
- 在产品准备就绪和市场准备就绪之间，是否存在时间差？这个时间差有多长？

(3) 销售周期
- 谁是购买决策的参与者，为达成交易，需要与多少人进行沟通会面？
- 是否会有人反对购买此产品或阻碍其进入市场？他们为什么反对（价格昂贵/产品复杂/原系统需要改变等原因）？
- 达成交易的预计时长是多少？
- 交易确定后预计的执行时长是多少？

3. 外部风险

虽然外部风险我们是无法控制的，但在评估商机可能面对的挑战和障碍时，外部环境所带来的风险是一个非常值得参考的维度。外部环境中的企业和竞争者会直接或间接影响商机实施的难易程度，激烈的竞争通常会造成重大危害。但是，也可以从另一个角度去理解这种竞争：如果缺少竞争，也许一定程度上说明所要开启的商机并非真实存在，也许早就有人发现并进行了开发，或者，你需要担负起唤醒整个市场及提供一系列配套元素的责任。如果你的优势很突出，那竞争的局面对你就有利。因此，可以从以下三个方面进行评估。

- **竞争威胁**：竞争会给你带来多大威胁？
- **第三方依赖性**：你对其他企业或竞争者的依赖程度有多大？
- **产品接受障碍**：你的产品服务的市场接受度如何？遇到的阻力有哪些？

针对以上三方面，可以分别进行深入的思考。

（1）竞争威胁
- 谁是你目前的竞争者？请一一列出。
- 谁会成为你未来的竞争者？
- 这些竞争者有多强？
- 对于新入市场者是否有进入壁垒？如专利、法律规章制度、外部网络等。
- 与其他竞争者相比，你是否有明显的优势？
- 这种优势是否可持续（独特、难模仿、可持续）？

（2）第三方依赖性
- 为了让你的发明创造成功，还需要谁参与合作？
- 思考产品/服务完整的生产和销售环节，这其中哪些参与者会影响你的产品被用户接受？是否需要他们的协助或提前得到他们的认可？
- 制度管理：你对政策制定者和监管机构的依赖性有多大？

（3）产品接受障碍
- 用户是否能接受新产品？
- 你的产品是否和现有方式相容？是否和现有规定相容？是否和现有系统、标准、基础设施相容？
- 你的产品有多复杂？
- 在购买前是否可以试用？

| 知识应用 |

在评估微型机器人医学自主爬行微型机器人产品的商机可行性时，团队认为机会的实施障碍、获利周期和外部风险等级相应都比较低。对于他们来说，最大的挑战就是需要开发有自动清洗功能的、处理脑积水的分流管。整个临床实验复杂，监管规定也十分严格。但是，微型机器人产品的管理者和技术人员说他们有信心解决这个技术开发问题。

课堂提问
请利用所学知识分析一下这个商机的挑战性。

启 示

虽然这款产品最大的挑战性来自于技术的开发，但基于相关的管理和技术人员都有信心应对这项挑战。从另一个角度看来，这个技术挑战将会成为这种类似产品的未来（潜在）竞争者的进入壁垒。因此，从这个角度来说，这是好事。

拓展活动

任务名称	评估商机的"挑战"
任务目标	进一步评估商机的可行性
实施者	小组、团队
活动步骤	1. 在前文，已经从"潜力"方面去对商机进行可行性评估，接下来，继续完成商机的可行性评估，从商机所要面临的"挑战"这个维度去进行分析。 2. 请完成表格挑战评估（1）、（2）、（3），对商机所面临的"挑战"进行评估。
项目名称	

挑战评估（1）

1. 实施障碍	分析点	具体回答	分数（最高5分，最低0分）
（1）产品开发的难度	• 必须攻克哪些技术难关？		
	• 是否可能会面对与用户界面和设计相关的挑战？		
	• 是否应该遵守任何法律或规章制度？		
（2）销售和分销的难度	• 为获取用户，需要利用哪种分销渠道（直销、经销、零售等）？		
	• 是否有充足的渠道？		
	• 建立渠道需要多长时间？		
	• 拥有多个渠道是否重要？		
	• 经营/利用分销渠道的成本有多高？		
	• 是否已存在有效的销售渠道（针对目标用户群）？		
	• 让用户了解你的产品服务并产生兴趣（也就是获得新用户）的成本有多高？		
（3）筹集资金的挑战	• 在用户开始购买产品服务前，你需要筹集多少资金（也就是总的种子投资）？		
	• 筹集足够资金的难度有多大（可用资金足够吗）？		
		平均分：	

（续）

挑战评估（2）			
2. 获利周期	分析点	具体回答	分数(最高5分，最低0分)
（1）产品开发时长	• 在产品准备进入市场前，需要完成哪些重大任务（考虑技术开发、设计配件、符合法律程序及规章制度等）？		
	• 完成每个重大任务的时长是多少？		
	• 在产品准备进入市场前的这个阶段需要多长时间？		
（2）产品准备就绪和市场准备就绪之间的时长	• 产品准备就绪后，应该或需要在产品推向市场前做什么（考虑价值链因素、必备的基础设施、互补产品等）？		
	• 这需要花多长时间？		
	• 在产品准备就绪和市场准备就绪之间，是否存在时间差？这个时间差有多长？		
（3）销售周期	• 谁是购买决策的参与者，为达成交易，需要与多少人进行沟通会面？		
	• 是否会有人反对购买此产品或阻碍其进入市场？他们为什么反对（价格昂贵/产品复杂/原系统需要改变等原因）？		
	• 达成交易的预计时长是多少？		
	• 交易确定后预计的执行时长是多少？		
		平均分：	

挑战评估（3）			
3. 外部风险	分析点	具体回答	分数(最高5分，最低0分)
（1）竞争威胁	• 谁是你目前的竞争者？请一一列出。		
	• 谁会成为你未来的竞争者？		
	• 这些竞争者有多强？		
	• 对于新入市场者是否有进入壁垒？如专利、法律规章制度、外部网络等。		
	• 与其他竞争者相比，你是否有明显的优势？		
	• 这种优势是否可持续（独特、难模仿、可持续）？		

(续)

挑战评估（3）			
3. 外部风险	分析点	具体回答	分数(最高5分，最低0分)
（2）第三方依赖性	• 为了让你的发明创造成功，还需要谁参与合作？		
	• 思考产品/服务完整的生产和销售环节，这其中哪些参与者会影响你的产品被用户接受？是否需要他们的协助或提前得到他们的认可？		
	• 制度管理：你对政策制定者和监管机构的依赖性有多大？		
（3）产品接受障碍	• 用户是否能接受新产品？		
	• 你的产品是否和现有方式相容？是否和现有规定相容？是否和现有系统、标准、基础设施相容？		
	• 你的产品有多复杂？		
	• 在购买前是否可以试用？		
		平均分：	

5.2.3　商机的可行性评估

课堂引入

前文分别从商机的"潜力价值""挑战和障碍"两个方面对商机进行了评估，也得出了相应的平均分。接下来，请根据你的分数，在下面这幅商机可行性评估图中标记出你的商机。

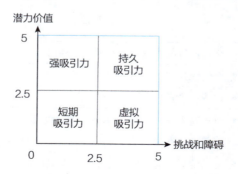

课堂提问

你的商机处在哪个区域？

启 示

你的商机可能处在"强吸引力""持久吸引力""短期吸引力"和"虚拟吸引力"这 4 个不同的区域当中。要知道,商机的特征并不会一成不变,可以根据前面的评估细项对它进行重塑,可以想办法在降低商机面临的挑战和障碍的同时提高商机的潜力价值。

 知识探究

根据商机的潜力价值,以及商机的挑战和障碍,可以按照"课堂引入"中商机可行性评估图将其划分为四类:强吸引力商机、持久吸引力商机、短期吸引力商机、虚拟吸引力商机。

1. 强吸引力商机

当商机处于"强吸引力"区域,说明商机具有相对大的潜力价值和较小的挑战障碍,会比较容易开启并实现。这个位置非常理想,但是很少有商机可以处于这个区域。这个区域的商机需要你识别出大量的未被满足的需求,在此之前,没有人识别出这种需求也没有人尝试去解决这种需求。又或者,你可能拥有攻克某个难关的独特技术,这会成为同类商机竞争的重要壁垒。

2. 持久吸引力商机

当你的商机处于"持久吸引力"区域时,说明商机具有相对大的潜力价值和相对大的挑战和障碍。通常这种商机会同时具备高风险和高回报这两种特质,真正创新的产品/服务常常处在这个区域。一般来说,一旦攻破了这个最大的挑战,你的商机就可以转移到"强吸引力"区域,也就是你之前所面对的挑战已经不再存在,而且,它将成为同类竞争的重要壁垒。

3. 短期吸引力商机

当你的商机处于"短期吸引力"区域,说明商机具有相对小的价值潜力和较小的挑战障碍。也就是说,你的商机同时具备低风险和低收益两个特征,选择这个商机很安全,但是它可以带来的价值潜力会相对有限。因此,你可以很容易就开启这个商机,它也许会在商机开启的短期内带来可观的收益,但是长久来看,后劲乏力,需要寻找或结合其他的机会来增强企业长久发展的潜力。这样的商机可以为你选择"持久吸引力"区域中的商机做铺垫，可以迅速赢得相应的利润，为企业后续的长久发展做资金支援和支持。

4. 虚拟吸引力商机

当你的商机处于"虚拟吸引力"区域时，说明商机具有相对小的潜力价值和相对大的挑战和障碍。可以说，这是这四个区域中最不理想的一个区域。所以，一旦商机属于这个"虚拟吸引力"区域时，请务必三思。也许你得暂时搁浅这个商机。但是，不用灰心，只是搁浅，并不代表你永远无法再开启它，就像前面提到的，商机的特征和条件并不是一成不变的，你可以根据拥有的资源或者市场的时机，重塑你的商机，让它成为其他几个更有利的和更具吸引力的区域。

| 知识应用 |

微型机器人医学团队手头上有两款产品，分别是产品 A 和产品 B，他们根据"吸引力"的可行性评估得知，产品 A 属于"短期吸引力"区域中的商机，对于他们来说，现在市场同类产品开始大热，技术的竞争壁垒刚被打破，大家争相瓜分这块蛋糕。但是，团队非常想有机会能够开启产品 B 的商机。虽然产品 B 现在暂时被评估处在"持久吸引力"区域，但是，团队内的技术人员有绝对的信心可以在短期内攻克这项独特的技术。然而，他们最害怕还是现在所筹得的资金等不及让产品 B 推出市场就被消耗殆尽。

课堂提问

请你利用所学知识帮助微型机器人医学团队解决一下他们的问题。

启　示

微型机器人医学团队可以考虑先开发产品 A 的商机，因为产品 A 属于具备"短期吸引力"的商机，将产品 A 作为开发产品 B（"持久吸引力"区域商机）的铺垫。先将现有资金部分投入到产品 A 的商机中，先趁着市场大热获取一定的资金，为团队开发产品 B 提供储备力量，无后顾之忧。一旦团队攻克产品 B 的独特技术，产品 B 将能够成为"强吸引力"商机并立马开启，可预想会有非常可观的回报，并且后劲十足。

拓展活动

任务名称	确定先锋商机
任务目标	确定最先开启的商机
实施者	小组、团队
活动步骤	在"商机初筛"活动中，筛选出了几个得到组内认同的点子。从这几个点子中，挑选其中最被认可的点子，进行了一系列环环相扣的活动——"商机初拟定""用户探索""商机吸引力评估"，最后确定这个商机属于"强吸引力""持久吸引力""短期吸引力"还是"虚拟吸引力"区域。事实上，在进行"商机吸引力评估"前，会同时生成好几个方向的创业机会/商机，因此，应该对这几个创业机会/商机进行"商机吸引力评估"，根据每个商机的吸引力评估的结果（商机的可行性评估）来确定哪个商机可以立马开启，哪个（些）应该储备起来在合适的时机再开启，哪个（些）应该三思而行。请根据每个商机的评估结果，勾选它们的可行性状态。 | 项目/商机名称	项目/商机的可行性状态		
---	---	---	---
	马上实施	暂时搁置（但保持开放态度）	三思而行
1.			
2.			
…				

参考文献

[1] 莱斯. 精益创业：新创企业的成长思维［M］. 吴彤, 译. 北京：中信出版社, 2012.

[2] 奥斯特瓦德, 等. 价值主张设计：如何构建商业模式最重要的环节［M］. 吴彤, 译. 北京：机械工业出版社, 2015.

[3] 鲁伯, 塔尔. 正向创业：新创企业的创业思维, 三步确定最有价值的创业机会［M］. 刘薇娜, 译. 北京：电子工业出版社, 2017.

[4] 张雷. 创新模式十二宫：后互联网时代企业创新升级路线图［M］. 北京：机械工业出版社, 2018.

[5] 库珀, 沃拉斯科维茨. 精益创业家：如何让创业变得高效［M］. 周鸣, 周涛, 译. 北京：电子工业出版社, 2017.

[6] 莫岱青, 曹磊. 互联网＋海外案例［M］. 北京：机械工业出版社, 2015.

[7] 奥斯特瓦德, 皮尼厄. 商业模式新生代［M］. 黄涛, 郁婧, 译. 北京：机械工业出版社, 2016.

[8] 克拉克, 奥斯特瓦德, 皮尼厄. 商业模式新生代（个人篇）［M］. 毕崇毅, 译. 北京：机械工业出版社, 2016.

[9] 刘志阳. 创业画布：创业者需要跨越的12个陷阱［M］. 北京：机械工业出版社, 2016.